藝術文獻集成

東洲草堂金石跋

鄭齋金石題跋記

〔清〕何紹基
〔清〕沈樹鏞

浙江人民美術出版社

圖書在版編目(CIP)數據

東洲草堂金石跋/(清)何紹基撰;汪政點校.鄭齋金石題跋記/(清)沈樹鏞撰;汪政點校.—杭州:浙江人民美術出版社,2019.12 (2025.4重印)
(藝術文獻集成)
ISBN 978-7-5340-7486-8

Ⅰ. ①東… ②鄭… Ⅱ. ①何… ②沈… ③汪… Ⅲ.①金石-題跋-中國-清代 Ⅳ. ①K877.24

中國版本圖書館CIP數據核字(2019)第152740號

東洲草堂金石跋　鄭齋金石題跋記
〔清〕何紹基 撰　〔清〕沈樹鏞 撰
汪　政 點校　汪　政 點校

責任編輯　霍西勝　張金輝　羅仕通
責任校對　余雅汝　於國娟
裝幀設計　劉昌鳳
責任印製　陳柏榮

出版發行　浙江人民美術出版社
（浙江省杭州市體育場路347號）
網　　址　http://mss.zjcb.com
經　　銷　全國各地新華書店
製　　版　浙江時代出版服務有限公司
印　　刷　三河市嘉科萬達彩色印刷有限公司
版　　次　2019年12月第1版
印　　次　2025年4月第2次印刷
開　　本　880mm×1230mm　1/32
印　　張　8.125
字　　數　95千字
書　　號　ISBN 978-7-5340-7486-8
定　　價　49.80圓

序

原夫坤土生金，五色鍛大冶之爐；艮山出石，四嶽韞美玉之輝。百煉不輕，金之德也；萬流弗轉，石之心也。於是上皇先帝，銘聖跡於吉金；元侯巨卿，刊嘉頌於樂石。事功所以相傳，人物由其得考，蓋金石之藉也。若乃蟲籀鳥篆，六書演文字之經緯；秦隸漢分，八體變翰墨之乾坤。字哭夜鬼，陳編之謬獲伸；筆挾秋飈，俗書之媸堪掃。故尚古原本者，芥卷軸而寶鍾鼎；搦管臨帖者，訾啟牘而慕碑碣。至於掘泉探冢，搨碑摩崖，輾轉龍門、扶風之間，綢繆曲阜、安陽之境。或爬羅剔抉，遍九夏之奧區；或置購保藏，殫一生之精血。片紙舊拓，曷吝千金；隻言新解，須破萬卷。其辛勤者如此。至若雨柔塵寂，蘭軒對友；雲淡風輕，菊榭停琴。方當品鑒劣優，觀筆勢而喪物我；摩挲歲月，憮款識而摧古今，又何樂耶！

何君紹基，道州人也。慈父嚴教，家貯百城之書；俊弟清文，代有四傑之譽。

瀟水蕩其淵英，月岩鬱其符采。嘗被春海之目，頗承雲臺之業。綴華藻於秋闈，光膺解元；對聖策於夏殿，險奪大魁。編修翰林，鑒千齡之崇替；校理文淵，典四庫之圖籍。暫主鄉試於閩粵，更掌道考於川蜀。亦有天眼乍開，冤魂獲昭雪之機；神獬頻觸，良民得訟獄之所。忠義忘直言之諱，權貴含側目之忌。遂乃離讒遘妒，棄官立教。脱冠弁如芒屣，闢庠序於草堂。師範樹於南郭，學動魯湘；教儀垂於東陵，風化吴越。爰理書局，燃晚景之餘輝；聿刊經典，澤後儒於永世。爾其疑今察古，析經傳之要害；朝益暮習，收子史之膏腴。釋文賾字，金銘共碑版淹貫；訂誤辨僞，石刻與經史互證。探源古文，真如驪頷奪珠；訓詁奥義，直似鳳骨抉髓。名教既洽，實學是勖。闡王道於制度，演天法於律算。加以詩敵山谷，宫商之奇律靡窮；畫匹石濤，丹青之妙趣盡顯。吟風哦月，據文壇之龍頭；範水模山，居畫苑之燕頷。王勃豪飲，酒德何遜於文德；杜牧健遊，詩跡長留於勝跡。論其精絶書藝，究極字學。心摹手追，襲篆隸之正則；運肘斂指，還真草之大美。雖褚登善、米元章，足可以降身避席；趙子昂、董玄宰，足可以束手銜璧。固乃八區神筆，一代雄才。

沈君樹鏞，川沙人也。江帶黄浦，地濱蒼海。川溟會同，風雲激蕩。稟原隰之灝氣，騰淵澤之英靈。桂榜擢秀，學該經史；芸閣草翰，藝兼書畫。嗜碑帖於玄髫，品鑒精審；聚琬琰於黄髪，網羅繁阜。收藏所及，玩好盡於墨跡；題跋所涉，珍異至於秘笈。萬件逸品，富甲東南；一字石經，榮名齋室。洎其易簀正袚，駕鶴騰天，孤裔每窘生計，尤物皆輸人手，寧不惜哉！

予不幸，生道統崩頽之世，處文脈斷絶之時。幼失訓導，頑劣童稚之年；長乏志尚，矇昧少壯之歲。加之智性愚鈍，識覽寡闇。每以酣醺遊戲爲其事，不知學問文章爲何物。既爾青春惱人，有欲難厭；白日怠景，無聊多閒。是以初觀文藝，始聞道理。清風翻書，本蔑深意；俗人識字，原爲浮利。詎期才星謬顧，竟照茅艾之質；鄙夫悔跡，忽起風雅之思。一旦窺文心，百年慕才情。由是馳魂翰藪，棲志辭林，誦先哲之偉製，發末世之衰吟。如此者不過十年耳。雖屬晚學後進之徒，卻懷朝聞夕可之志。今輒録何、沈二氏金石題跋於茲編，試加句讀，略予校核。庶幾乎毋褻於古人，弗誣於時者。濫竽荷吹，自擬仙籟之音；繁弱未御，輕圖崇墉之業。惟幸有資同志，得正大方云爾。

汪　政

二〇一二年五月於上海圖書館

整理說明

一

何紹基（一七九九—一八七三），字子貞，號東洲居士，晚號蝯叟，湖南道州（今道縣）人，晚清詩人、畫家、書法家。書法初學顔真卿，又融漢魏而自成一家，尤工草書。通經史、律算，精小學、金石碑版。曾據《大戴記》考證《禮經》。著有《東洲草堂詩文鈔》、《惜道味齋經説》、《説文段注駁正》等。

何紹基之父何淩漢是知名的藏書家，曾任户部尚書。何紹基兄弟四人均習文善書，人稱「何氏四傑」。何氏幼年家境貧寒，隨母就食外家。八歲隨母入京，早年是阮元、程恩澤的門生。十八歲應京兆試，取眷録。道光十一年（一八三一）取優貢生。道光十五年（一八三五）中舉人，次年中進士，授翰林院編修。歷任文淵閣校理、國史館提調等職，充福建、貴州、廣東鄉試主考官。咸豐二年（一八五二）任四川學政，次年即因條陳時務得罪權貴，受讒言而降官調職。遂乃辭官去職，創立草堂書院，講學授徒。咸豐六年（一八五六）赴濟南，主講山東濼源書院。講學之餘，遍遊當地山水，留下大量詩句。咸豐十年（一八六〇），受長沙城南書院之邀前赴講學。晚年主持蘇州、揚州書局，校刊《十三經注疏》，主講浙江孝廉堂，往來吴、越間，教授生徒。生平豪飲健遊，多歷勝地，賦詩論道，拓碑訪古。同治十二年（一八七三），在蘇州病逝，葬於長沙南郊。

何氏以書法名世，各體書熔鑄古人，别出一格，被譽爲清代第一人。其書法四體皆工，大小兼能。草書尤其所長，融篆、隸於一爐，駿發雄矯，面貌獨具。楷書稟顔體之寬博，摻以北碑剛健莊嚴之格，筆劃之間氣韻不凡。小楷兼取晋代書律，筆意含蘊。其篆書中鋒用筆，融以隸筆，又挾行草筆勢，自成一體。其作品，早年悠遊於顔真卿、李邕、王羲之和北朝碑刻之間，秀潤暢達、清剛蘊藉；中年博采南北朝書，筆意縱逸超邁、剛健老成，時運顫筆，醇厚有味；晚年雖患眼疾，但書法已臻至境，純然以意爲之，筆輕墨燥，每有意在筆先之妙。喜以篆隸之法寫蘭竹石，著墨不多而神氣盎然。時作山水，取境荒寒，又不屑刻畫形似，隨意揮灑，深得石濤晚年神韻。畫必長題，多有佳句，興至而爲，不惟輕作，且動輒自毀之，故流傳甚少。偶亦刻印，得生簡之意趣。

何紹基博學多才，尤工於詩。作爲宋詩派之重要宣導者，其論詩主張「人與文一」、「先學爲人」（《使黔草自序》），須要「説自家的話」（《與汪菊士論詩》），直抒性靈。師法李、杜、韓、蘇諸大家，不名一體。其詩隨境而發，顯得誠懇真摯。就其傳世的作品而言，雖不乏譏諷時政之作，然其天情拘檢，每每留心於「温柔敦厚」的詩教傳統。自謂不喜「一切豪誕語、牢騷語、綺豔語、疵貶語」（《東洲草堂詩鈔自序》），所作大多爲登臨唱和、書畫題跋及抒寫個人生活之篇章。山水詩頗能以平實自然之筆調摹景體物，亦有風味。

沈樹鏞（一八三二—一八七三），字均初，一字韻初，號鄭齋，川沙城廂（今浦東新區川沙鎮）人，晚清碑帖學家、書畫鑒賞家、文物圖書收藏家。咸豐九年（一八五九）中舉，官至内閣中書。沈氏博學能文，工書善畫，唯所作無多，難得一見，尤精碑帖考訂。其少年時代即鍾情於歷代碑刻。同治二年（一八六三）獲黄小松原藏宋拓《熹平石經》，中有《尚書·盤庚》篇五行、《論語·爲政》篇八行、《堯曰》篇四行，計一百二十七字，名流翁方綱、王念孫等均有跋語。不久，又獲孫承澤研山齋藏《熹平石經》殘字，一時各地名士紛紛爲之題詠、考證，何紹基、趙之謙等人均有題記，沈氏遂將其書齋命名曰「漢石經室」。其所藏畫卷，精品亦衆。如五代董源《夏山圖》、宋李成《晴巒蕭寺圖》，董其昌之書畫尤多。同治十二年（一八七三）病逝於吴門，俞樾挽聯曰：「一載臥沉痾，李賀床頭呼阿奶；十年向奇字，楊雲門下失侯芭。」沈氏生平收藏書畫、秘笈、金石甚豐，「清咸、同間爲江南第一」（《鄭齋金石題跋記跋》），其碑帖收藏有「富甲東南」之譽。身後所藏之物陸續散失。《熹平石經》殘字，於光緒二十三年（一八九七）爲漢陽萬氏購得，三十一年（一九〇五）三箱碑版又轉歸劉鶚，劉氏日記中載有所得碑刻拓本數目，計漢碑五十餘種，六朝造像七十餘種，唐石刻百餘種，宋石刻三百餘種，收藏之富可見一斑。沈氏爲江南巡撫吴大澂的妹夫，一生廣結名士，與著名的書畫、篆刻家趙之謙爲莫逆交，又與江南碩儒俞曲園過從甚密，曾尊俞樾爲師，所得碑帖多倩其過目。著有《漢石經室叢刻目録》、《鄭齋金石題跋記》，與趙之謙合編《續寰宇訪碑記》。

二

「金石」即金屬和美石，又指古代鐫刻文字以頌功紀事的鍾鼎彝器、碑碣石刻之屬。此類鍾鼎、豐碑年代久遠，稀如星鳳，且不易移動，爲了更好地保存、研究、學習上面的文字，人們便采用摹搨的方式將這些文字保存在拓片上。而書寫在這類拓片上的題跋，便稱作「金石題跋」。最初，寫在書籍、字畫、碑帖等前面的文字稱爲「題」，寫在後面的文字稱爲「跋」，後來統稱「題跋」，内容多爲品評、鑒賞、考訂、記事之類。明徐師曾《文體明辨序説》云：「題跋者，簡編之後語也。凡經傳子史詩文圖書之類，前有序引，後有後序，可謂盡矣。其後覽者，或因人之請求，或因感而有得，則復撰詞以綴於末簡，而總謂之題跋。」題跋的内容、形式與作品互相聯繫、互相增益，以致成爲作品不可忽略的一部分。根據不同的情況，題跋可以區分爲若干類型：創作者本人所題，稱爲本人題跋；他人所題，稱爲他人題跋，其中又可分爲創作者同時代人之題跋，以及後人之題跋。按此標準而言，《東洲草堂金石跋》與《鄭齋金石題跋記》中的篇章均屬於後人題跋。其内容多敘述金石拓片之來由、鑒賞評價、甄別真僞、考訂訛缺、表述觀感或兼論刻工模本品質等等。

何紹基《東洲草堂金石跋》五卷。其間考古證今、釋疑訂謬，極富學術價值。前两卷主要涉及鍾鼎彝器款識，其突出價值體現在對於彝器銘文的精審考訂，這部分内容不僅展現了作者深厚的小學根基，也是古文字學研究的重要參考資料；後三卷主要涉及石刻碑帖，其突出價值體現在金石學與書法研究之交融，表露出作者對書法不同審美趣尚的認識以及由這種認識引發的書法取法對象的變化。這部分内容不僅反映了作者在書法實踐中的深刻體悟，同時也展示出當時書壇發展之大勢。文章識見淵雅，思致新穎，梳爬訛誤，博徵廣引，語言精峭，兼具學術性與藝術性，實乃題跋中之上品。

沈樹鏞《鄭齋金石題跋記》一卷。以沈氏收藏之巨，鑒賞之精，所作題跋當遠不止此，然身後物散文佚，後人「乃就家中僅存者及搜訪於各家者，録成《題跋記》若干篇」（《鄭齋金石題跋記跋》），由潘承厚、吴湖帆增補校核，訂爲一卷。目録、正文分金、石兩大類，前者爲鍾鼎彝器款識題跋，後者乃石刻碑帖題跋。金類題跋甚少，只八篇。吴湖帆按語云：「外祖（沈樹鏞）金文題跋未留稿本，此上數則僅就吾家所藏金文册中録出者，想外間流傳必不止此。」石類又分碑、帖兩部分。并以《石鼓亭磚文古拓本》、《吴内嫂江孺人畫〈西園雅集圖〉卷》二篇爲附録。這些題跋在經史考證方面不如何氏之艱深淹貫，但大多鑒裁精到、文辭清雅，廣人見聞，益人神智。除了癖嗜金石碑帖之外，沈氏亦鍾情書畫墨蹟，曾手訂《書畫心賞日録》一種，録書畫題跋十九種，從中亦可一窺其收藏、品鑒之大概。

三

何紹基《東洲草堂金石跋》是後人從《東洲草堂文鈔》中輯出的。《東洲草堂文鈔》二十卷，其中卷六至十爲金石題跋，後人將這五卷輯出，單獨刊行。《東洲草堂金石跋》五卷，有西泠印社民國間木活字本（山陰吴氏遯盦金石叢書）以及湖南叢書民國十四年（一九二五）刻本（湖南叢書）。《东洲草堂文鈔》初刊於同治六年（一八六七），這次點校以光緒間翻刻本爲底本，校以民國十四年湖南叢書本《東洲草堂金石跋》。

沈樹鏞《鄭齋金石題跋記》一卷，初稿名《漢石經室金石跋尾》，光緒十三年（一八八七）由其子肖韻輯録，吴大澂爲之序，稿成未刊。《鄭齋金石題跋記》由潘承厚、吴湖帆在《漢石經室金石跋尾》原稿基礎上增輯而成。書名頁爲王同愈簽署，卷首題「川沙沈樹鏞韻初著，男毓慶編次，後學潘承厚、外孫吴湖帆增輯，孫錡、本強校刻」，正文有吴湖帆朱、紫、墨三色校訂，卷末有吴湖帆、沈錡民國二十一年（一九三二）跋語。此稿亦未刊，現藏上海圖書館。本次點校以上海圖書館藏稿本爲底本，參校臺灣新文豐出版公司《石刻史料新編》影印本《漢石經室金石跋尾》。（《石刻史料新編》中未對影印所據的版本作具體交待。按：此稿爲抄本，不分卷，也無分類，著録藏品計一百零五件，卷首題「川沙沈樹鏞韻初著，男毓慶校字」。）底本中凡經吴湖帆校訂的正文均以吴氏改定的文字爲準移録，不出校記，眉批則加括號録於相應的正文之後。同時將《漢石經室金石跋尾》所附《書畫心賞日録》一併録出。

在本書的校點過程中，有幸得到仲威先生，張蘭蘭、袁家剛、沈從文諸君及責編雍琦的幫助，特此致謝。

汪　政

二〇一二年五月

東洲草堂金石跋

東洲草堂金石跋目録

卷一

卷　二

卷三

卷　四

東洲草堂金石跋卷一

跋阮相國藏齊侯罍文拓本

《説文》：「讄，禱也。絫功德以求福也。」「誄，謚也。」按「讄」、「誄」古通用，「絫功德以求福」與「絫其行事以作謚」，其義一也。許氏於「讄」字下引《論語》：「讄曰，禱爾于上下神祇。」今《論語》正作「誄」，是一字矣。自王后、國君夫人有謚，大夫妻不得有謚，則亦不得有讄矣。此云「齊侯女讄」者，特爲表異也。「齊侯爲喪其□」，「喪」字從㗊從犬從亡，無可疑者。惟「」字不可識，其爲「姑」爲「姊」？其左似「」，其右又似「古」字，難以言之。蓋即指孟姜，孟姜，陳桓子無宇之妻也。齊侯有孟姜之喪，然禮，諸侯絶期，齊侯於孟姜不當有服，以其夫與子相繼執國命，君不能不爲之服也。曰「命大子□□告□宗伯聽命於天子」者，重喪服，且陳氏固欲得請於天

子也。曰「期則爾期，余不其叀」者，言爾欲服期則服之，余不汝違也。「女受□歸□□」者，「女」謂使人。曰「爾𪗊受御」者，「爾」指齊侯，令其齊衰受御也。裳下緝曰「齊」，《禮·喪服》疏：「衰裳齊。」《説文》作「𧞗」，此作「𪗊」，從止，正裳下緝之義。「𪗊受御」者，謂期服也。「齊侯拜嘉命於天子」者，得服期，何爲嘉命？陳氏則宜以爲嘉命也，因而大舞、鼓鍾皆得請也。「璧玉」，玉之善者。「備玉」者，備之言服，古備、服通。玉，可佩服者也。此「備」下脱「玉」字。「司于大舞，司誓于大司命」者，大舞、大司命皆天子官。言受職司於大舞者，請得賜樂；受誓戒於大司命者，請得賜命也。大舞、司命《周禮》易其名耳。「用璧、两壺、八鼎于南宫」者，齊侯祭桓子孟姜也。「子用璧二備、玉二司、鼓鍾一銉」者，桓子之子祭其家廟也。「齊侯既𪗊桓子孟姜喪，其人民都邑堇□」者，言君爲臣喪服齊衰期，則人民都邑益彊盛也。「舞用從爾大樂」，即所請於大舞者也。「用鑄爾羑釖」，即請於大司命者也。「羑釖」二字脱失不可識。「用御天子之事，直以」，陳氏爲王臣矣。「桓子孟姜，用乞嘉命，用匄眉壽，萬年無疆，用御爾事」者，爲陳氏頌禱無窮之詞也。陳桓子無宇蓋先卒，此齊侯自爲孟姜服期，而云「齊侯既齍桓子孟姜喪」者，恃權怙寵之詞也。此齊侯，蓋景公。景公之時，陳桓子無宇已卒。陳僖子乞事景公，得齊衆心，宗族日彊，景公不能制，詳見《左氏傳》及《晏子春秋》。此器之作，亦無忌憚之甚矣。悼公之立，簡公之弑，端見於此。余昔釋「𠷎」爲「喪」字，龔定庵謂古無因喪而受嘉命者，亦無以喪祭而匄眉壽者。豈知陳氏正因齊侯服孟姜之喪而侈言其貴盛，奚問禮之吉凶哉！因孟姜而作是器，器歸陳氏，不得復屬之齊侯，亦不得竟屬陳氏，余因定爲「齊孟姜壺」。舟行摇兀，作此釋文考訂，一豁從前紛蔽，使許印林、陳頌南、徐問蘧、曹秋舫、吴子苾諸君見之，當同稱一快也。壬寅六月二十六日邗州聞次。

阮相國藏齊侯罍文堇字考二則

許書「洹」字下云：「水在齊、魯閒」。此假爲「桓」字，如「檻泉」亦作「濫泉」，「杇」亦作「污」，「泭」亦作「桴」之例耳。「」下一字，相國師定爲「夏」字，精確之至。然則「堇」一字爲人名，如陳君説。「子」上是「支」字，竊意「支子堇」即武子彊

也。按許書「堇，黏土也。從黄省從土。」古文「𡏳」從黄不省，因黏土故從土，則從黄爲從其聲矣。《内則》：「塗之以謹塗」。鄭注：「『謹』，當爲『墐』也。墐塗，塗有穰草也。」「墐」即「堇」字，鄭讀必與「穰」爲疊韻，則是「堇」字古音正與「疆」同，字本從黄從土。「黄」本從田，「疆」字亦從田從土，形近音似，得相通假。此銘從古文作「𡏳」，即「疆」字也。巨斤切之音於古籍無徵，蓋起於後世矣。又許書「畺」下出「疆」，云：「或從土彊聲。」按「彊」從弓畺聲，則「畺」是或體〔二〕，不得轉從彊聲，當是從土作「壃」，俗誤爲「疆」耳。武子之名，蓋本作「𡏳」，通作「壃」，俗作「疆」，或竟「壃」字移「土」於下作「畺」，因形聲皆似「𡏳」而誤作「畺」〔三〕，轉誤作「疆」，未可知也。金石文字往往足訂六書、經史之訛，敢附臆見，請正。戊戌夏。

按《左傳・昭二十六年》：「冉豎射陳武子以告平子，平子曰：必子彊也。」杜注：「子彊，武子字。」夫名「𡏳」而字子彊，音義皆相近。《史記・田敬仲世家》作「武子開」。按「開」從幵聲，古音又與巨斤切之音同部。是武子名𡏳，亦名開，而字子彊也。或作「武子疆」者，誤字爲名，又誤「彊」爲「疆」耳。又《齊世家》、《索隱》引《世本》：「陳桓子無宇産子亹，亹産子獻，獻生鞅。」是陳桓子之子開與乞之外，尚有子亹也。惟云「子亹」、「子獻」，而下第云「鞅」，疑「亹」、「獻」亦是名，非字，「子」字連上讀。

又按，魏文侯使使言周天子及諸侯，請立齊相田和爲諸侯，周天子許之。此器有「天子之事」云云，竊意田太公始爲諸侯，告於桓子孟姜之廟，奓天子之命而作是器也。惟太公名和不名曶，姑記之以俟有會通其説者。

跋積古齋藏王復齋款識摹本

按第一鍾首一字似「魏」字，下從土，猶從山之意。第三字似「擊」字，右「殳」字甚明，右上作「」，下作「」，古又、手一也。右欒末上似「舞」字，「」似半字，「」似舞字。上半「」之省，下半「」之變，古「」字下從亾也。「季娟鼎」疑當作「季鼎尊」，「」字合於「」爲「」字，古「揚」字，作「」之省。上云：「錫

鼎馬两，故作季鼎寶尊彝。」一器两「」字，不得前以爲「貝」，後以爲「員」，合「女」爲「」也。楚公鍾自左而右第一行「」是「甲申」字。「楚公」下一字「」似「旅」字。按「旅」古文「」，《説文》小篆作「」，從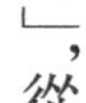從。「」，旃旗之旃㫃蹇之貌。此上作「」，正象旃旗㫃蹇，下則古文「」之省也。第二行「」，「吴靁」是器之名。「」即「戠」，立戈在上。「」，古文「克」，或作「」，此其省也。第三行「」，似「仲」字，楚公之字。「公」下「」即「旅」字，斷非「狂」字也。第四行「」疑即「不亾」字。按「旅」者，莊王名。莊王滅舒蓼，盟吴越而還，見《左傳·宣公八年》。據經文，事在六月，其七月甲子，日有食之。杜氏云：「月三十日食。」然則八月朔爲乙丑，二十日爲甲申，此云「八月甲申」，正八月二十日也，即此作鍾之日，因始盟吴，故器名「吴靁」。凡器有雷雲者，皆可稱「靁」也。「戠」、「克」云者，蓋即滅舒蓼事。稱「楚公」者，或自問鼎後暫去王號，如熊渠畏厲王亦暫去王號也。是爲楚莊王鍾，似無疑義矣。孫淵如觀察所藏「敏敦」亦記楚王平吴，

是其類。「父已鬲」首行「」是「戎」字，左略，象立戈形「丨」。仲偁父鼎「」是「乃」字，下師艅鼎正證也。儀徵相國師出示此册，即所見記，請誨定，他日并乞將宋拓原册賜觀，不勝冀幸。時丁酉小雪日。

秦公華鍾文考爲程蘭川作

自程氏瑶田見是鍾於河間紀氏，定爲周公華鍾，爲之釋文考訂，且據以考鳧氏爲鍾之制，文載《通藝録》中。阮太傅師據拓本載入《積古齋鍾鼎款識》，釋文皆從程氏。惟「乙亥」誤作「丁亥」，易「鐐」爲「錯」，易「釁」爲「鑄」，易「悌」爲「恝」，易「侒」爲「冢」。「錯」字、「鑄」字、「恝」字皆當從阮，「侒」、「冢」則皆誤也。程蘭川兄見示初拓本，有桂氏未谷、江氏秋史、孫氏淵如題記。桂氏既手録程氏釋文而訂之曰：「」非「華」字，「[illegible]」非「擇」字，「龏」非「龔」字，「錯」非「鐐」字。江氏釋「」爲「郗」，定爲郗悼公華之器。謂「畏」、「威」義複，改釋「」爲「畟」，義同「肅」。訂「」字爲「恝」，訂「」字爲「墜」。又引莊氏述祖云：古文「龍」從

「」，象形，或加「彡」象鬛。此「」上有「」，蓋象角。孫氏改釋「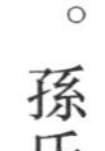」爲「聖」字，不知從耳從心之「聽」字已見於汗簡也。桂氏自謂附程氏諍友之末，江氏又云附未谷諍友之末。余生也晚，若程氏、莊氏、桂氏、江氏、孫氏，皆不及爲之諍矣。昔過揚州，見阮師而質之曰：「此秦武公鍾也，厥左證在《秦本紀》。」阮師深然之，且曰：「盄作一翔實文字，糾吾《積古齋》之誤乎？」余唯唯退，因循積年未著於篇，今見此精拓，請申繹其説曰：首曰「惟王正月初吉乙亥」者，武公即位在周桓王二十五年，二年爲莊王之元年，十七年爲釐王之元年。此所稱王，不知於桓、釐二王何所係。列國器罕繫王月者，若「楚曾侯鍾」云：「惟王五十有六年」，且直稱惠王紀年矣。獨此器書「王正月」者，秦自非子以主馬爲附庸，封秦，厥後西戎反王室，秦仲誅之，犬戎與申侯伐周，殺幽王，襄公救之，平王東徙雒邑，襄公以兵送之，平王封爲諸侯，賜以岐以西之地，至文公收周餘民之地至岐，岐以東獻之周。周太史儋曰：「周故與秦國合而別。」其書「王正月」與魯史同意，宜也。「」字爲「秦」字無疑，從從從禾甚瞭，上從艸者，與古文從同意也。武公之名不見於《史記》本紀、年表及《世

本》，幸得此器，著其名矣。「睪其吉金」，假「睪」爲「擇」者，「」象两手，與一手字得通用也。「玄鏐」者，《爾雅》：「黄金謂之鐋，其美者謂之鏐」。《説文》「鐋」下云：「金之美者，與玉同色。」況鏐更其美者乎？《禹貢》「鏐」作「璆」，蓋與「鐋」同義。璆爲梁州之貢，華陽、黑水惟梁州地，與雍州連。武公元年伐彭戲氏，至於華山下，宜得此美金矣。韋昭、郭璞皆以鏐爲紫磨金，此云「玄鏐」。玄、紫，色近也。《説文》：「錯，金涂也。」玄鏐爲質，赤金涂之，謂之赤錯也。「用鑄乃龢鍾」，知是「鑄」，非「𦥯」者。汪氏《鍾鼎字源》於「𦥯」下重文出「」字，而「鑄」字重文有「」字，「」蓋「」之省矣。《字典·皿部》「𥂴」字注云：「《字彙補》與『𦥯』同，見《石經》。」所謂《石經》，不審何指，未可據也。「以乍其皇祖皇考」者，「乍」即「胙」字。《説文》：「胙，祭福肉也。」《儀禮》：「皇尸命工祝，承致多福無疆，於女孝孫。」此得以孝孫胙其皇祖、皇考者，戒且慶之詞也。秦文公四十八年太子卒，賜謚竫公，竫公之長子爲太子。五十年文公卒，竫公子立，是爲寧公，立十二年卒，長男武公爲太子。此「皇考」即寧公，「皇祖」蓋竫公，而上及文公也。竫公雖得謚而未爲君，固當祖文

公矣。寧公卒，大庶長弗忌、威壘、三父廢太子，立出子。出子立六年，三父等復賊殺出子，立故太子武公。武公三年，誅三父等。此云「余畏龔威、忌」者，「畏」字有「德公鍾」可證，「龔」字省作「龏」，非假「龏」也。「威忌」者，威壘、弗忌也。皆二名舉一，如《左傳》「晉重」，《檀弓》「言在不稱徵」之例。「三父」蓋宗族，故諱之。「畏龔威、忌」，有戒於前事也。居華下三年，始誅威、忌等，其謀深矣，故云爾也。江氏改釋「周」字爲「郲」，又云「畏」、「威」意複，可謂善疑，惜未一檢《秦本紀》也。「愍穆不弔於乃身」，「」字於「弔」字爲近。《爾雅》：「愍，思也。」「穆穆，敬也。」「愍穆」猶怵惕，「惟天不弔」，儆懼之至也。鑄其龢鍾，以卹其祭祀。盟祀，祭祀，正祀也。盟祀，盟詛之祀也。春秋尚盟誓[三]，秦、楚尤重之，觀吕相《絶秦書》及《秦詛楚文》可知。言「卹」者，仍戒懼之詞也。「以樂大夫，以安士庶子」，按《秦風・車鄰》箋云：「并坐鼓瑟，君臣以閒暇燕飲，相安樂也。」《駟鐵》「公之媚子」傳曰：「能以道媚於上下者。」箋云：「謂使君臣和合，言襄公親賢也。」《黃鳥》序云：「國人刺穆公以人從死也。」《晨風》序云：「康公始棄其賢臣。」《權輿》序云：「刺康公忘先君之舊臣與賢者，有始無終也。」《秦風》十篇皆言君臣之際，其君臣同心，教俗自然，故一鍾之銘不忘大夫、士庶子也。「昚爲之聽」者，《國語》：「單穆公曰：耳之察龢也，在清濁之間」，「先王之制鍾也，大不出鈞，重不過石，律度量衡於是乎生」，「故聖人慎之」。又曰：「聽和則聰」。伶州鳩曰：「古之神瞽，考中聲而量之以制」。此「慎爲之聽」之義也。「元器其舊」，武公本以太子廢，復立誅亂，得守故物，故云然也。「哉公眉壽」，「哉」古通「載」，通「茲」，通「自」，此音義當如「自」，「哉」、「自」皆有「始」義。「伊訓朕哉自亳」，「哉」、「自」字連用，則「自」爲語詞。此「哉」字獨用，則兼「自」字義。「哉公眉壽」者，使君壽考之意也。「秦邦是保」以下，幸且美之詞。「舊」、「壽」、「保」爲韻，若以「哉」字連上句，則「公眉壽」三字爲不文也。阮師藏「周公望鍾」，嘗賜拓本，余細繹之，蓋武公之弟德公之鍾也。其文曰：「惟王九月初吉，辰在乙亥，秦公□此字不可辨，然非「望」字。睪乃吉金玄鏐，□自作龢鍾，曰：余畏此字直作「畏」，與前鍾異。龏威忌𥁰辝龢鍾二銉台□□目□大夫目□諸士，至于萬年，分器是寺。」阮釋亦誤「秦」爲「周」，「玄鏐」下作「昔呂」未確，「目其屯於龢乍天」七字亦未確也。按武公卒，德公立，元年初居雍城大鄭宮，以犧三百牢祠鄜時，立二年卒。其元年當周釐王之五年，二年當惠王之元年。「惟王九月」，不審何屬。亦云「畏龔威、忌」者，親見威、忌等弒立之既，故此語與「武公鍾」同，然事隔已遠，故戒詞不甚也。「分器是寺」，「寺」即「時」字，蓋祠鄜時時所作，即以是器分置焉，非初封之分器也。武公云：「元器其舊」，可作初封分器解矣。兩鍾相證，厥義益審矣。日辰皆「乙亥」者，《少牢饋食禮》：「來日丁亥，用薦歲事于皇祖伯某。」鄭注引《禘於太廟禮》：「日用丁亥，不得丁亥，則己亥、辛亥亦用之，無則苟有亥焉可也。」賈疏引《月令》云：「乃擇元辰。」注云：「元辰，蓋郊後之吉亥也。」陰陽式法，亥爲天倉，祭祀所以求福，宜稼於田，故先取亥。上旬無亥，乃用餘辰。鍾鼎日辰多用亥，蓋同斯指也。

《考工記·鳧氏爲鍾》若欒、銑、于、鼓、鉦、舞、甬、衡、旋、幹、篆、枚、景、隧諸名，釋者詳矣。惟「銑閒」、「篆閒」、「鼓閒」之説，注疏家皆未了了。戴東原氏《考工圖》亦視「閒」字爲贅文，至程氏自立《圖説》，而「兩銑之閒」、「兩鉦之閒」、「兩鼓之閒」始有的解。其言云：「鍾口空無物，可指以寫其縱橫大小之徑，於是指其兩銑之下端與其兩鼓之下端，而命之曰『銑閒』、『鼓閒』。」此實得古聖賢立言之妙。至謂此鍾銑十，銑閒八，鼓閒六，舞脩六，皆與《鳧氏》合。惟《鳧氏》鉦八，以銑十除之，其二當鼓與于共也。今則鉦與鼓共八，于之空處專得二，微有異耳。按古人制器之法，本不能齊同，況此秦鍾，非周鍾，焉得概以鳧氏法繩之乎！程氏又云：「凡器有内外則銘在内，有底則銘在底。」此銘當爲鍾之後一面也。按《鳧氏》：「于上之攠謂之隧。」注云：「攠，所擊之處攠敝也。隧在鼓中，窐而生光，有似乎隧。」《鳧氏》又云：「爲遂，六分其厚，以其一爲之深而圜之。」注云：「厚，鍾厚。」按鍾既橢圜，明有兩面，所擊處必正面也。近所見鍾銘拓本於上靁紋全見無隧形，知古鍾制惟正面有隧，背面無之，刻銘在背，無疑義矣。

跋秦公塱鐘文拓本

《積古齋》釋此爲「周公塱鐘」，蓋非也。「」字明非「周」字，實是「秦」字無疑，蓋秦德公所鑄器也。《史記・秦本紀》：「武公爲太子，寧公卒，大庶長弗忌、威

壘、三父廢太子而立出子爲君。出子六年，三父等復賊殺出子，立武公。三年，誅三父等。武公卒，立弟德公。德公元年，初居雍城大鄭宮，以犧三百祠鄜畤，卜居雍。」《積古齋》所載周公華鐘，余既據「畏龔威、忌」爲指「威壘、弗忌」，定爲秦武公鐘。此亦有「異龔威、忌」之言，而其詞較彼爲簡緩者，德公親見威、忌之專，及武公之誅邪定亂，特其事已遠，故無「惄穆不豢于乃身」及「元器其舊」等語也。德公始作鄜畤，此鐘蓋爲鄜畤而作，故云「分器是寺」。武公、德公之名不著於《本紀》，賴此器以存，然此「望」字尚未甚明瞭。古鍾鼎皆鑄款，此乃鑿畫爲之，其細如絲，與中原制度殊矣。宿遷舟次。

跋秦公玗鐘文拓本

余既辨正「周公華鐘」、「周公望鐘」皆爲秦公鐘矣，不意復得此秦穆公鐘也。此「秦公」下一字作「玗」，經、傳中載穆公名「任好」，不知此合二字爲一字乎？抑經中誤分一字爲二字乎？叔重於「壬」字下云：「象人裹妊之形。」然則人之懷妊義已具於「壬」字中矣，不當復用從女之「妊」字，以此「孖」字推之，蓋孕女爲「妊」，孕子爲「孖」。許書於「妊」字下云：「孕也。」既從俗解，而於「子」部復遺「孖」字。「孕，裹子也。」「挽，生子免身也。」「壬，象人褢妊也。」何勞復有「妊」字，以見惟婦人能懷孕乎？明「妊」爲孕女之正字，即「孖」爲孕子之正字也。許書於「妊」字下出「娠」字曰：「女妊身動也。」據《毛詩》：「載震載肅」，昭元年《左傳》：「邑姜方震太叔」，妊身動之字止當作「震」，「娠」亦俗字，許氏因俗有「娠」字，遂牽連以「孕」釋「妊」。賴此「孖」字以明「妊」字之正解，兼著「娠」字之俗也。古男、女皆稱子，然「子」究男子之專稱，故男直曰「男子」，亦徑曰「子」，女則曰「女子」，又「子」爲男子之美稱，又「子女玉帛」尤分別明瞭。故雖「孕」字、「挽」字皆從子，仍不妨分別孕女爲「妊」，孕子爲「孖」也。德公生子三人，長子宣公、中子成公、少子穆公，其名「孖」者，蓋取得幼子之祥歟？其詞曰「畏龔威忌」，猶武公、德公銘鐘之意。「以樂其民，以□□大夫以喜諸士」，較之規模，視武公、德公爲遠大。「宜其得食善馬」者，三百人之力以脱韓原之難，卒霸西戎，益國十二，開地千里也。穆公未嘗特立畤所，云「分器是時」

者，蓋其兄宣公所立之密時歟？「鑄」字下蓋是「辟」字，《文選》「千辟萬灌」，言鑄事也，《積古》釋爲「辟」字，無以言之。「喜」字甚明顯，德公鐘下□字漫損，《積古》遂釋爲「豈」字矣。壬寅六月廿五日過馬莊閘書。

跋秦公桱鐘文拓本爲吴平齋作

「」第一字，是古文「秦」字，「畏龔威、忌」事見《史記・秦本紀》。余昔爲程蘭川作《秦公華鐘考》，甚辨，蘭川狃於成説，與余争執。今蘭川已殉難金陵，其拓本極精，乃桂未谷舊藏，想燬於賊氛矣。此「秦公桱鐘」余所得於六舟上人者，與此蓋近年同時拓本也。平齋藏「齊侯罍」，故以名室，然其字從三田，定非「罍」字。古器銘亦無起句即著出某人某器之例，沿阮師舊説，如「吴罍」析爲「夜雨雷」三字耳。同治乙丑仲春月。

跋師酉敦拓本

按西陵、京秦、箕皆近二京間地名，此吴國得有之者，如殷民七族之類，既嗣商官，則并虎賁及各遺民而繼治之也。「虎臣」，虎賁也。以「吴」爲古「虞」字，似矣。又按《職方氏》：「雍州山鎮曰嶽山。」鄭注曰：「吴嶽也。」嶽山之下得無有國名「吴」者乎？ 觀第二拓本，「」字上從矛，豈「矞」字耶？ 秦之祖有中潏，徐廣曰：「潏，一作滑。」「冏」、「肉」形似相假借，此當爲潏人矣。 潏水乃《上林賦》「八川分流」之一，潘岳《關中記》所謂「涇渭灞滻，豐鎬潦潏」者也，亦容水旁國名謂之「潏」矣。

跋邿季敦拓本

班書《地理志》東平國亢父縣下云：「詩亭，故詩國。」即《春秋》襄十三年「取邿」之「邿」也。 杜預云：「任城亢父縣有邿亭。」是「詩」、「邿」同字，此止作「寺」，乃兼有「詩」、「邿」意矣。「寺季故公」者，蓋國爲魯所取，其君邿季歸於魯爲故公，若奔它

起存亡繼絶矣。國則爲寓公也，小國之君多稱字，故云「寺季」。國亡矣，猶云「子孫寶用享有王」者，

跋卯敦拓本

卯作敦而敘「艾伯命卯而錫之」之詞也。飤款借爲〔四〕。「載」，始也。卯蓋世職葬事，故曰「始自乃先祖考」，於其父艾公之死而治其穸也。「昔乃祖考命乃父死治葬人不淑爰我家室用喪」者，言卯之父爲其祖治葬時葬人不善，致喪敗家室也。「今余非敢□先公佑惟遠」者，言余今日不敢比先公庇佑之遠也。「余懋用先公官伯，今余惟命女死司葬宮葬人，女毋敢不善」者，言己嗣先人之職，故命卯於己死時爲治葬宮及葬人，「女毋敢不善」，言毋得如乃父也。以下錫器、錫田字不盡可識，不能强爲之訓矣。艾伯蓋卯之祖父行繼先人官司職者，卯則餘子族人也，世爲冢人、墓大夫之職者也。「葬宮」如後世之地宮，「葬人」即偶俑之屬。舊釋「葬」字爲「旁」，「旁宮」、「旁人」義既難通，而前後詞氣亦全不可董理矣。葬不善而致喪家室，不知所指何

事，想兆域被侵伐，如墓大夫言争墓地者之訟，或墓厲耳，必非如後世青烏家言吉凶禍福也。

跋叔朕簠拓本

《説文》：「人及鳥生子曰乳。」又「生」部曰：「生，進也。」此云「乳稻粱」，「乳」有進義。又「乳」字從「孚」，「孚」者，覆卵之意。稻粱之在簠中，藏覆而進之祖考。「乳」字實兼二義。「叔朕」者，人字與名也。《積古齋》謂：「乳，養也。五穀所以養人也。」於義未盡。又云：「朕，我也。古人無以此爲名字者。」無論命名之義，不必定前人所有，且豈有不著名氏而稱「叔我」者乎？若單稱字，曰「伯」曰「叔」者，則可耳。

跋子祝禽鼎拓本

「子」者，對祖父之詞。「祝禽」者，人名氏也。

跋追敦拓本

依《積古齋》釋文，然《積古》又自一器，兩行「天」字皆排在行首。餘同。

跋張仲簠拓本

《說文》：「磺，銅、鐵樸石也。」今石之樸有「璞」，則金之樸宜有「鏷」字矣。釞，錫也。《爾雅》：「錫謂之釞。」郭注云：「今白鑞也。」《考工記》云「金有六齊：六分其金而錫居一，謂之鍾鼎之齊。五分其金而錫居一，謂之斧斤之齊」云云。注云：「凡金多錫，則刃白且明也。」蓋純金非以成器，必以錫和之，故擇其金鏷、釞鏷也。「鑢」，《說文》云：「錯銅鐵也。」按其字《周禮》注作「鐧」，此篆作金，從虍下，蓋從呂也。「」字不可識，蓋金錫之粗滓，故云「鑪其口也。」「」是「熏」字，故小篆作「」，「其光其纁」，假「熏」爲「纁」，鑄金之色也。「」字禾米形在上，當爲「黍」字。「」字有「」似「」，當爲「稷」字。「」字禾米形在左，其右似爪

曰，意當爲「稻」字。「用盛黍稷稻粱」者，按《公食大夫禮》云：「宰夫設黍稷六簋於俎西。」又云：「賓左擁簠粱。」故鄭氏於《掌客》注云：「簠，稻粱器。簋，黍稷器也。」按曾伯霥簠云「用盛稻粱」是也。然統言則不别，故《秦風》傳曰：「四簋，黍稷稻粱也。」《周禮·舍人》鄭注曰：「方曰簠，圓曰簋。盛黍稷稻粱也。」此簠也，而云「盛黍稷稻粱」，亦統言則不别之意。容當時用「簠」、「簋」亦得通變，或作「簠」者，必兼作「簋」，銘詞則同，亦未可知也。按之原釋，「鈸」改「鏷」，「銃」改「鋓」，「鑪」改「鑢」，「勳」改「□」，「黄」改「熏」，「朮」改「黍」，「穛」改「稻」。據《説文》「秫」或省作「朮」，稷之粘者。則既言「稷」，不得復言「朮」，且以朮載簠，於古無徵也。「大正」尚須考。此器詳言擇金、鑄造及用之之法，詞彌文矣。張仲與史籀同時，此器中亦有籀書否乎？「饌具」之「饌」，疑當爲「載具」，《石鼓文》「載」字從，此固似之矣。鄭云：「方簠圓簋。」許叔重云：「圓簠方簋。」恐方圓亦無定制，隨所命名也。

跋戲雫彝拓本

「子」者，諸侯未踰年之稱也。「戲」字見許書「又」部，此移「又」於左方，古器中恒有之例。「雫」字不見於許書，「雨」下作「中」，蓋即「仲」字之古別。「」字不可識，下「○」蓋象環形，其蓋此字上有「●」，疑象珠形。「丁師」當是「戲雫」之祖若父。

跋商岠末拓本

「愕」乃「物勒工名」之人名，然省「吅」作「口」，尚可疑。第六字似是「賚」之或體，未必是「鼇」字也。第八字蓋即「域」字。《說文》有「或」無「國」，又謂「域」爲「或」之或體，此叔重好奇之論耳。「或」字從戈從口一，固是守土之義。不過如「邑」之從口從卩，尚是守小者。「國」字有內「口」外「口」，乃合五十里、七十里、百里之義，內「口」象國都，外「口」象四境。「或」字不足以賅之也。「域」字別從土，作疆域解。

今謂「域」即「國」，則「肇域彼四海，正域彼四方」，可作「肇國彼四海，正國彼四方」乎？「域民不以封疆之界」，可作「國民不以封疆之界」乎？《商頌》頻用「域」字，此「或」字容即「域」字。

程木庵藏竟寧銅鴈足鐙考寄六舟上人

六舟上人爲程木庵拓輯彝器文字中有此鐙，相傳爲建安鐙也。六舟鍼剔氈印，字畫朗朗，若器之新脱於型者。其文云：「竟寧元年，考工〻護爲内者造銅鴈足鐙，重三斤十二兩。護武，嗇夫霸，掾廣漢，主右丞賞，守令尊，護工，卒史不禁，省。」又一行云：「中宮内者第廿五，受内者。」按班書《百官公卿表》：少府屬官有考工室。又中書謁者、黄門、鉤盾、尚方、御府、永巷、内者、宦者七官令丞，皆屬焉。武帝太初元年更考工室爲考工。是考工爲少府之屬，此器所稱「工護」、「嗇夫」、「掾」、「主右丞」、「守令」，又皆考工之屬。「武」、「霸」、「廣漢」、「賞」、「尊」、「不禁」，其人名也。《説文》：「護，救視也。」「護」有「視」義，「工護」即監工矣。《表》惟縣令長之屬有嗇夫，職聽訟，收賦税。其實各官屬主出納簿者，皆有嗇夫。如《張釋之傳》虎圈嗇夫對禽獸簿之類。此則考工之屬也。《漢官儀》：司徒、司空等皆有掾，正曰「掾」，副曰「屬」。公府掾至六百石，秩亦崇矣，而《表》不之及，殊不可解。《表》於各官屬下言「掌某事」，《續志》則或言「掌」，或言「主」。此「主右丞」者，主此工之右丞也。各官屬有令丞，而見於两京器銘者，或先令後丞，或先丞後令，其職蓋相等也。「令」稱「守」者，如今署事《表》稱「守京兆」、「守少府」。《漢官儀》太常、太祝之屬，學士下有守學士也。「卒史」不見於前後《表》、《志》，而班書《儒林傳》有内史、大行卒史、郡太守卒史。郡國置百石卒史，是各官屬俱有卒史也。行末「省」字蓋同相省，察「孝成鼎」、「大官壺」、「杜陵壺」，皆言「省」也。「内者」本少府之屬。《續志》云：「内者令一人，六百石。」又引本注曰：「掌中布張諸衣物。」「中」，者，中宫。此「中宫内者」，正其職，若甘泉内者等，則置於别宫也。内者不主造器，故考工造之以受内者。《説文》：「受，相付也。」從上下相付之「𠬪」。「授，予也，從手受。」此云「受内者」，正相付之義，今專以承受爲義，非古也。「第廿五」者，一笵不僅造一器，故記其第目。兩京於用器之微者，往往有此，以易於作僞，故謹之。木庵藏是器，余未悉其所自來。檢厲樊榭《漢銅鴈足鐙歌爲馬半槎賦》者，注有釋文，知此鐙即半槎物，而流轉至於木庵也。樊榭釋文「考工＝」三字缺，此三字不當省，故知缺也。「三」誤「四」，「尊」誤「麇」，「卒」誤「衣」，「省」誤「首」，「中」誤「山」，因將「首山」二字連讀，又誤中之誤，固由當日考索之疏，抑以見拓本不能明㙾也。鴈足鐙見於薛氏款識者二：一黄龍元年，一永始四年。見於阮師相國款識者二：一建昭三年，一永元二年。建昭鐙又詳著於王氏《金石萃編》、翁氏《兩京金石記》、張氏《金石契》。獨此器雖有樊榭之釋文并詩，而訛謬已甚，翁氏始爲著録，而「元」、「年」、「令」、「賞」等字俱缺。今乃收逌證譌，誠吉金中一大快幸也。六舟深自矜喜，屬陳月波作《剔鐙圖》，縮己像於盤底之間，作握鍼剔剥之狀，郵寄京師，索同人題記。又别作一幅見貽，余爰爲考證如右。

題竟寧銅鴈足鐙款識拓本爲潘玉泉作

《説文》「足」、「疋」两部首相承。「疋」下云：「足也。上象腓腸，下從止。《弟子職》曰：『問疋何止。』古文以爲《詩・大疋》字，亦以爲『足』字，或曰『胥』字。一曰『疋』，記也。」許君於此字可謂翔實。自隸變後，「足」、「疋」两形迴殊，而《管子・弟子職》篇作「問所何止」，益不可通。此拓「疋」字瞭然，乃确知「疋」字之形，且「疋」部止「㽰」、「𤴔」两字，義取疏通，與「足」部八十五字從足爲義者迴别，可知許君云「古文亦以爲『足』字」者，明其實非「足」字，乃古文假借也。古無四聲，「足」、「疋」、「胥」、「所」皆一聲之轉耳。《曲禮》：「雞曰翰音」，「雉曰疏趾」。雉飛三丈，雞飛不能三丈，飛高者見其趾。此器三趾卓立，亦可謂之疏趾。「疏趾」即「疋」之本義矣。「疋」與「疏」同音同義而别用，「胥」、「所」又别爲用。古文字少，意在以簡御繁，故假借特多，然一字數假，如「疋」字者，於部首中尤爲僅見。《大雅》「雅」字，本假烏短尾之「雅」，又假象腓腸，從止之「疋」，至今「雅」、「疋」并行，竟無正字。《周禮·笙師》："「春牘、應、雅。」《樂記》："「訊疾以雅。」「雅」本樂器，所以節舞。假爲雅頌字，此義不見於《説文》，可想見古人作字其難其慎，而孳乳浸多，不料後來如此之支蔓無窮也。然則「疋」之爲用何廣乎？據厲樊榭、翁覃谿、汪容甫所考訂，此器曾在馬半槎處，後歸巴予籍，最後又歸吾友程木庵。六舟上人客木庵家，爲釐訂金石文字，因此鐙款識字多難辨，爲剔清精拓。道光戊戌，寄拓本至都，余用厲樊榭原韻作詩三篇。後木庵之子守恭執摯門下，曾爲題所藏彝器拓本，有云："「卻笑木庵心似木，閒中雕盡古來蟲。」時余年方壯盛，海内稽經諏古之儒罔不諧際，摩挲金石、攄發詩文，幾於無日無之。廿餘年來，軍興不息，東南文獻凋秏特甚，故人宿草，彝器晨星，余亦年逾古稀，老與病俱，後生輩有持古匱求爲題記者，視爲過眼煙雲而已。今春至吴門，余病少瘥，漸有吟事，養閒主人出此拓屬題，知是器又從木庵歸鴛湖范稺禾，今自范氏歸草堂，時賢題詠甚盛，余乃就「足」、「疋」二字義演成一篇，以補三十年前鏬漏，且亦翁、汪及今日諸君所未經道及也。時同治庚午立夏後三日，對雨并識於金獅橋巷寓齋。

校勘記

〔一〕「則畺是或體」，「是」湖南本作「之」。按當作「之」。
〔二〕「誤作畺」，「畺」湖南本作「畺」。
〔三〕「春秋尚盟誓」，「誓」湖南本作「祀」。
〔四〕「飤款借爲」，此四字不可解，疑有訛誤。

東洲草堂金石跋卷二

校定阮氏積古齋款識釋文一百五十四則

董武鐘　第一字似「魏」字，第三字似「擊」字。但「手」字作「又」耳，「又」即「手」也。末字上似「半舞」二字，半其舞以爲，末言鐘制也。

虎父丁鼎　「亞」爲廟室，較可據信。「㪘」爲兩弓相背，可也。謂鍾鼎非亞字，則不必矣。

申鼎　「寶」字下作「毌貝」之形，鼎象其耳，至爲奇。古「申」字爲名者，楚有葆申，見《人表》，又楚、鄭皆有公子申。此字勢與「吴罍」及「楚公鎛鐘」近似，可定爲楚器也。子西爲王輿服以保路，後復改紀其政，作器或在此時歟？

成父癸鼎　文十一年《左傳》：「齊襄公之二年，鄋瞞伐齊，齊王子成父獲其弟榮如，埋其首於周首之北門。」此或其銘功之器歟？「成」字，古文。小篆改爲「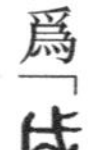」，而叔重仍之，古義晦矣。

兕父癸鼎　「兕」蓋犀之屬，一角。此象其形。

秉仲鼎　按「析木形」不甚似，蓋爲文飾，如「亞」字、两「已」字之類耳。「秉」字作「」作「又」。「禾」字象禾形，如葉穗之形，他器中「禾」字作「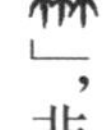」，非必如小篆作偏穗也。「又」字别置於旁，小篆易爲「」矣。

穆父丁鼎　「穆」自是人名，侃叔之言甚謬。

婦女鼎　按此或是歸氏之女所作器。魯昭公母齊歸，胡國之女也。又或移「婦」字「女」旁於「帚」下，則謂之「婦彝」可也。古文比類合誼，偏旁两體往往相離不屬。

立矛父辛鼎　两旁亦當是犀兕之形。一角两角，或者犀一角而兕两角歟？中有立矛，與前兕形旁作執弓形同意。

阜禾鼎　此當爲反「陵」字，名「陵」者如逢伯之類。

母乙鼎　商人尚質，非必遽有「萬年子子孫孫永寶用」等辭。「以祈黄耇」、「綏我眉壽」、「萬壽無疆」，皆周公述前王之語，而《商頌》中固無之。彝器銘詞當與《詩·頌》相近。

戊寅父丁鼎　按「月」字不完，即是闕義，疑「」是古「闕」字也。《說文》：「，從月半見。」然則「」爲月闕，即可假爲「闕」字矣。「喪」字多「口」，象衆哭之形，餘畫不能識，然繁而不殺，小篆省約，從哭從亾耳。「見酎」蓋周制，此亦不甚似商器也。

庚午父乙鼎　「辰」字、「一夕」字俱疑，俟考。「史」蓋即「右史」，二「」仍爲「」，六書中此例甚多。「言則右史書之」，故宜掌册命事。它器有作「友」字義者，不相妨也，古「又」、「右」、「叒」可相通假。「錫」下絶非「賴」字，當是「橐」字。易「石」爲「」形，小異耳，「束」省去下截，鍾鼎古文「」字多省下二筆作「」，「」固可作「」也。有底曰「橐」，取盛貝多之意，然則貝固可貫，而亦可橐

矣。《石鼓文》:「可以橐之。」此「橐」字腹中象缶形,或即是「橐」字也。「田四品之一夕」,殊不似古人語。「尊」下「廿」,恐是「廿」字,造器之都數也,乃小篆「廿」字所本。末作二「册」字形,鄭重策命後世,王言末大書「敕」字,此其先導矣。

宥父辛鼎　宥,寬也。侑,勸也,助也。經典中閒有假「宥」爲「侑」者,此「宥」字自是作器者名,「宥」無侑食之訓。《儀禮》「祝侑」注,不言古文「宥」作「侑」也,此是臆撰,與「穆父丁鼎」解同一謬。《説文·女部》「姷」,耦也,或從人作「侑」。是「姷」、「侑」皆取人相比耦意,與「宥」字從宀無涉。「亞」形中象弓矢形,與戊寅鼎「亞」形中象架構形同意。禹鑄鼎象物尚無文字,商周彝器於銘詞外或有象物者,亦夏造殷因,存古制也。

旅鼎　按「[glyph]」當釋爲「白乙」,秦三帥有「白乙」,此名「旅」者,或其子也。《左傳》:「秦伯送衞於晉三千人,實紀綱之僕。」然則錫臣下以僕,殆是秦法,「九錫」中有虎賁三百人,恐亦秦制。「日乙」不成名字,「上甲微」何足證之?「析木形」無所取義,然無説以解之,恐與「[glyph]」形、「亞」形等同爲刻畫之飾,未必有意義也。

敺屛鼎蓋　按《越絶書》：「赤堇之山破而出錫。」今寧波府鄞縣即因堇山得名。又字勢似「黄」字，或今徽州之黄山。黄山似嶽，又去商都不遠，尤宜爲神巫所棲也。巫賢爲巫咸之子，若作器祀父，則「乙」固非其父名，且祀父者，豈宜作器而名其父乎？又諸器中「父乙」、「父丁」、「父己」、「父辛」、「父癸」屢見，而罕有「父甲」、「父丙」、「父戊」、「父庚」、「父壬」者。作器必偶數，此即二、四、六、八、十耳。「父戊」閒有之，五爲中數，作器亦可用爲數也。古算法亦以十幹紀數，蓋與彝器銘同意。

象形父丁尊　持勺父癸尊　立鉞尊　以上三器銘皆象形爲字。第一器即「尊」字，第二器是「匜」字，不甚似「勺」。《説文》：「匜，柄中有道，可以注水酒。」第三器「立戊」即「戊」字，與「山形父壬尊」「立山」即「山」字，皆可類推。象形爲六書之本，鑄鼎象物即神禹時文字也，惜不得而考矣。

山形父壬尊　古器多作雲雷。而山爲雲雷之所自出。又「山罍」爲夏后氏之尊，蓋取隨山治水之義。今云「山之言宣也」云云，太迂迴矣。

子孫父戊尊　按「孫」象跪伏形耳，「胚胎」語太鑿。

亞形父丁尊　「祭」爲「手」持「肉」，亦此意必躬親之之義也。

西宮父甲尊　「西宮」，疑。

册父乙尊　按如此説，則「班布」字本從竝，不從玨。從竝而以「刀」分之，故曰「班」。「班」即從竝得聲，從玨則無可得聲也。凡分布皆爲「⿺辶竝」，而「班」字專爲分瑞玉，其字蓋從⿺辶竝省得聲。《説文》有「班」無「⿺辶竝」者，誤也。「⿺辶竝」從竝，故仍有并義。《孟子》：「若是班乎？」注云：「齊等之貌。」是也。「册」字或作「」，或作「」，蓋以縢約簡之形，較小篆作「」者，亦有致。

王主父丁尊　按「王主」無據。「」當連下「」爲字，即「自」字也。《説文》：「，此亦自字也。」「」，鼻也。鼻有始義，亦有主義。此作「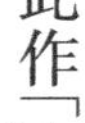」者，豈非之古文乎？「兩龍四虎」，夥言田所獲之盛。古者畜龍，故國有豢龍氏、御龍氏，龍既可御，即可田而獲之。《月令》：「命漁師伐蛟。」叔重曰：「龍屬，無角。」漢武帝、周處俱射蛟，田獲兩龍四虎，爲事所得有矣。或指王所乘馬，亦可通。馬八尺以上爲龍。《説文》：「馬，怒也，武也。」是亦可稱爲「虎」。要之，較「讐服二虒虎」之解爲安耳。

「𦨉」字亦罕據，疑不能明也。

柬彝　按特爲練祭造器，於經典無徵，此與「酎父乙尊」釋爲「飲酎而作祭器」，同一臆解，不如以「柬」爲人名之安也。

子執㫃彝　按《爾雅》「素錦綢杠」，又有縿旒等制。此㫃形豐其上段及横處，象綢旒等也。其意精矣。

中彝　按射器有「中」，所以盛算。君國中射則皮樹中，於郊則閭中，於竟則虎中，大夫兕中，士鹿中，詳《鄉射禮》。此蓋象執中之形，射事所用也。若是「史」字，不應上下細大不均若此。

衰彝　「衰」字未安，字剥其半也。

雕伯癸彝　「雕」字尚宜審。

好父辛彝　立戈形之下當是「旅」字。「好」字亦未確，下尚有「」，宜更詳之。

立矢父戊彝　按「」非「元」即「兀」，古元、兀蓋通用。名元者多矣，名兀者罕見。此定爲「元」字可矣，不必爲立矢也。

虎父戊卣　按此卣與前彝蓋一人所作器。「」即「元」字，《説文》無「●」字，其實横之爲「二」，引之爲「丨」爲「」「」，頓之爲「」，皆此字也。「元」爲物始，從●尤合，可補許書之闕。

丁琥卣　按《説文》：「琥，發兵瑞玉，爲虎文。」此「琥」字亦似虎形，想發兵瑞玉亦瑑此形也。禮器琥璜爵，此器豈即以配琥玉者乎？《周禮》「以白琥禮西方」，亦當以爵配之也。蓋與器「孫」字下截一肖跪伏，一肖嬉恣，而「子」無兩形也。

丁師卣　按「」疑是「⿰虘邑」字。《説文》：「⿰虘邑，沛國縣。」「」字在左，恐是「」字，「⿰自盧」當是山自之名，因以爲地名，後世遂有⿰虘阝縣也。古從雨從水字多通假，「⿱雨中」即「沖」字，且可假借爲「仲」也。此人名，或是隨仲耳。但「隨」或是名字，不必定是沛地也。「玗」或是玉名，或是寶珠之名。或作「〇」，以象璧形。要是一物，不必謂玗一珠一也。

余爵壺　「余」下一字未敢信爲「爵」字。

亞舟爵　下當爲「丌」字，所以薦物，與「舟」同義，其字甚明顯，非必爲「舟」字之泐也。

糸爵　按以「繶」釋「糸」，附會之至。篆文彌飾，未必定作形也。因思古文「彝」字，皆作「」，雖閒有變化，然大致不離此形。小篆改爲「」，從糸。「糸」，綦也。「」，持米器中實也。彝中實米，無此事理。「糸」象綦飾，則形似之，豈因左方略似形，故易爲「米」字耶！此字於古文、二篆遞變之理未能解也，附記於此。

辛父辛爵　「」未必定是「辛」字，當仍是「子」字變易耳。

守册父已爵　按册之札長短不一，中有二編，蓋以繩横毌之。小篆共五直，舉大數。古文中或四直，或五直，或分两形，要止作一「册」字讀。此左右各三直，亦止是一「册」字。它器有分左右釋爲两「册」字者，非也。册命止一，豈有二乎！

子父已爵　按《説文》：「族，矢鏠也。束之族族也。從㫃從矢，㫃所以標衆，衆矢之所集。」以「㫃」为衆矢之所集，語殊未安。古人制器，必作文飾，矢鏠制雖小，然橢圓出鐵鏠，蓋肖旌旂之斿，故其字從矢從㫃耳。此肖雙矢有架，矢形倒庋於架上，與「族」爲「矢鏠」無涉。謂「」之用與「」同者，非也。《爾雅》：「矢、雉、引、延，陳也。」「永、羕、引、延，長也。」「矢」有「陳」義，即與「引」、「延」同，有「長」義，矢由近及遠也。正鵠一而矢聚焉，「矢」又有集聚義。《左傳》「親集矢于其目」，雖一矢亦言集。「族」字引伸假借爲宗族字。族，屬也。由「長」義、「集」義引伸也。「彤弓一，彤矢百，玈弓矢千」，「束矢其搜」，「發發相及，矢矢相屬」，宗屬字所以假「族」爲義歟！

庚觶　按《説文》：「庚，位西方，象秋時萬物庚庚有實也。庚承己，象人齎。」段注謂小徐駁李陽冰説「象人两手把干立」，不可從。今各本篆皆從陽冰，非也。中「」者，象人齎，段氏之説精矣，然無以解從干之義。乃觀鍾鼎古文下多從人，已非干字矣。此器上從●下從人，其非「干」字更明瞭。小篆「」字直是誤耳，或叔重本不誤，而後人改之。今隸體作庚，不作干形，想亦有自來也。

召夫角　「召夫」之釋，實不可據，不如闕疑也。如此下截明是「子」字。

庚申父丁角　按「辛」下當即是「虎」字，「木」字蓋爲文飾耳。古以「虎」名者多矣，「宰虎」則或是召虎，或是王子虎，未可知。朝朝夕夕，容夕亦有册命也。「祀」上不似「乙」字，王錫貝令作祭祀之器。角有五耳，角之數豈即因「貝五朋」耶？「庚」字下垂雙歧如前「庚觶」，不必定是「庚丙」兩字。此器文甚，乃定爲商物，不可解。

亞敦　按作足迹形者，手持之變也。兩「又」爲「」，内向；兩「止」爲「」，外向。此兩足迹形皆内向，與「」同意。「龜主守，貝主用」説，甚確。「主用」故從手持形，「主守」故從足迹内向形也，守必手足共之也。

㝵敦　此上爲「貝」字，非「見」字，「㝵」字未爲確也。

子商甗　按春秋時可稱宋爲「子商」，在商時不能自稱爲「子商」也，此必非商器矣。「羞」字亦未確。

琱戈　如此説「八寶平餔」可謂既精且鑿矣。

子執旂句兵　面作執旂形，背不當作「兒」字。

楚公鎛鐘　按「夜雨雷鐘」余既釋爲「吴靁」，且定爲莊王旅器矣，此鐘當是共王審所作。「審」古止作「宷」，此古文未得其篆法。楚在其國稱王而作器，尚稱公也。

「」字是「專」與否，未可定，亦似「穌」字也，或是「魯」字耶？

楚良臣余義鐘　「僕」字疑。「余」下一字當釋爲「若」字。「余萬迹」解得太費力。

禄康鐘　「惟純佑賓啟朕身」，「甬」字下七字當如此釋也。「寅」、「身」不必爲韻。

叔丁寶林鐘　按「豈」下字不可識，原釋爲「能」，或它有所證也。古「能」字讀如「台」，與「豈」字疊韻，「豈豈能能」成句，無庸易爲「熊熊」也。古文「魯」、「旅」同字，皆作「」。「降余魯多福」即「降旅多福」，見「虢叔大林鐘」。「惟康右屯」爲句，「旅用寅啟士身」爲句。旅者，衆也。《禄康鐘銘》云：「寅啟朕身，穌于永命。」此銘同之，「朕」字易「士」字耳。天子之士猶士也，「朕」與「士」無二也。皇帝自稱「朕」者，秦法，非古也。

邗叔鐘　按「母」不可爲名，當是假借爲「敉」，爲「敏」也。「髀」亦非字，或「骰」或「顯」，不能定也。「屯」上非「㝵」字，疑是「賁」字也。賁，飾也，大也，亦有賜予意。第二行「文祖」接三行「皇考」，是下無闕文也。「母不敢弗帥用文祖皇考」，「帥」字非句，不得與「德」、「吉」爲韻。

宗周鐘　按此昭王南征不復，宣王征蠻荆，紀征伐之功而作鐘也。曰「王肇建，相文武，堇疆土」者，《史記·周本紀》：厲王及難，太子靜得脱，召公、周公二相行政，號曰「共和」。太子長於太公家，二相共立之，是爲宣王。二相輔之修政，法文、武、成康之遺風，諸侯復宗周。是此銘之發端也。「南國服要，敢臽虐我土，王𦎫伐其至，戭伐乃都。」追言昭王之南征也。「服要」猶言「要服」。《左傳》言昭王南征，是興師討楚矣，與此文合。《史記》謂昭王南巡狩不返，卒於江上。豈有巡狩盛典，而楚無故害王者乎！　曰：「服要迺遣閒來逆昭王」，「遣閒」者，非善使；「來逆」者，即南征不復之事，或竟行弒逆，或膠舟沉江，如《左傳》所云：「問諸水濱也。」諱其事，故稱「來逆」。「昭」作「邵」者，古文通假也。曰「南人、東人具見廿有六邦」，言東南諸侯共見此事，所謂「聲罪致討」也。釋「」爲「節」，頗費解矣。曰「惟皇上帝明神，保余小子，朕猷有成，無競我惟嗣配皇天」者，言命將行師，期于成功，乃克嗣先業以配天也。曰「王對作宗周寶鼎」云云者，宣王中興，天下復宗周，不別命名而謂之「宗周寶鐘」，且極言鐘聲之盛美，頌禱之詞至云「割其萬年，畯保四國」，宣王於是有侈心焉，傳至幽王而敗於驪山，周室益衰，豈非盈滿爲災歟？《采芑》詩：「蠢爾蠻荆，大邦爲讎。」正指昭王南征不復之事。「執訊獲醜，蠻荆來威」，即此銘所謂「有成無競」也。昭王不復，歷穆、共、懿、孝、夷、厲六王，至宣王始行征討，然此銘及《采芑》詩似亦未有大創者，宜乎齊桓創霸尚云：「昭王南征不復，寡人是問也。」釋文俱依原釋，惟「造」改釋「逆」，「畯」疑是「允」，「亯」、「它」、「豈」三字難瞭。「利」旁「工」，「害」旁「」，未審所從耳。「」字疑寫者有誤。

虢叔大林鐘　按此釋解「大林鐘」，義甚核。「虢叔」當是周之卿士。「愷」字作「」，恐從《説文》古文「」，非必「愷」字也。「帥刑皇考威儀」，「帥」字非句，不得與「德」、「辟」爲韻。「卣天子多錫旅休」，「卣」字不得與上「爲御于天子」爲句，謂「卣」與「假」、「休」爲韻，亦未安也。

楚公鐘更定釋文曰：「惟八月甲申，楚公旅自作吴雷鍾，乃名曰：身其克□□公旅其萬年壽

□□□孫子其永寶。」　按此楚莊王作鐘，名曰「吳靁」也。「甲申」字，「旅」字，「吳靁鐘」字，「乃名」字，皆甚明确，不知原釋何以未見及。莊王之名《史記》作「侶」，《春秋》作「旅」。「旅」字《說文》作「」，古文作「」，鍾鼎文或作「」。此作「」，與《說文》「㫃，象旌旗，下㐺從象人在旌下」，義正相符。古文「鐘」字或作「」，此「鐘」字似之，蓋有省泐處耳。「」爲「」字反形，正是「乃」字。「名」者，銘。曰《說文》無「銘」字，古文更可知，觀此知箴銘字，古止作「名」矣。鐘名「吳靁」者，《左氏傳》宣八年六月，楚伐舒蓼，盟吳越而還。是爲莊王强大之始，故歸作是鐘以紀功。如雷如霆，以象其威，必著之曰「吳靁」者，亦猶共王得魯之賂，與盟於蜀，歸而作鐘，謂之「寶大魯鐘」也。銘文倒讀，字亦反向，蓋作鐘笵時係正書，鑄成後遂成倒勢。凡鑄銅器須兩番模笵，方得正文，此乃略之，霸國粗疏，轉成古異。「」、「」、「」等字藉作點綴，非關文義。原釋必欲附會「甲拆」。應夾鐘之律，然則鐘高二尺，豈亦中夾鐘律度乎？昔年見阮儀徵師出示《復齋款識》宋拓本，且曰：「中惟夜雨雷鐘最奇，歷任封圻，屢以祈雨有應。」余讀而易其釋文如此，阮師笑

曰：「如此奇確，可謂入室操戈矣。」即命書所釋於册，今此册已燬於火，吾師乘箕尾亦忽忽八年矣，記此曷勝愴惘。時丁巳仲春月朔，濟南旅寓。

楚曾侯鐘　按楚世家自周成王封熊繹，居丹陽。徐廣曰：「在南郡枝江縣。」至文王熊貲始都郢，昭王畏吴去郢，北徙都鄀，其後自鄀還郢。不見於《史記》。《班志》「若」下云：「楚昭王畏吴，自郢徙此，後復還郢。」似還郢亦昭王事矣。此銘云：「徙自西陽。」不知即由鄀還郢否？然明云「徙自西陽」，即決非徙自鄀；如云「西陽有先君廟」，不應鄀無先君廟也。或中間又有由鄀徙西陽事，而史略之。大約楚都屢遷，皆在《班志》「江夏、南郡間」，即《左傳》：「熊摯有疾，自竄於夔。」亦不見於《世家》也。「曾侯猶先公」語，亦未確。楚本子爵，後僭稱公、稱王，莊王、共王作器尚稱「楚公」，此銘稱王，不知始於何時。而「先公」稱「曾侯」，别無證據。《禮記・射義》詩曰：「曾孫侯氏。」乃諸侯泛泛自稱之詞，亦於此處不相涉也。惠王在位五十七年，此其晚歲矣，時已入戰國，去史籀已遠，況有古文乎？宜其近小篆也。《大司樂》注：「祭尚柔，商堅剛。」故「樂無商」之語望文生義殆無足辨。

木鼎　第四字當是「鬲」字，後「癸亥父己鬲鼎」可證。

包君鼎　第三字亦似「女」旁者。

東鼎　「東」字未安。

太祝鼎　首字當是「子」字，釋爲「太」，未安。「祝禽」當是人名也。

各鄰鼎　「」當是「旅」字。下「鼎」字未完，或是「尊」字亦可。

市師鼎　「薵」字未甚安，或是「羞」字也。「鼎」上作艸，太奇，宜再考。

戎都鼎　《漢書》作「比」者，誤本也。不誤之本仍作「北」，此自可定爲「祉」字，不必據此也。

羌鼎　「羌」、「死」二字疑。「羌」字不似，「死」讀爲「尸」，更不安。

番君鼎　按：「畱」當係「留」字，「丣」、「酉」本一字，「留」獨不可作「畱」乎？

㝊父鼎　「永」字亦疑，「遠」字尚疑。

唯叔鬲鼎　按「在」下一字，未必是「皕」，或是「願」之省，當是地名。「誨」乃人名。首字恐非「惟」字，□叔從征，歸居於，誨爲作此器，意或其子弟歟？

叔姬鼎　首一字疑係「孟」字，有剥損耳。

癸亥父己鬲鼎　按「徙」、「刊」、「收」三字皆未確。「」乃古文「命」字。第二器「」字係「馬」字之剥損。「」是「畀」字之剥損。八尺以上爲龍，七尺以上爲騋。馬尚大，猶貝尚豐也。既畀以貝，故用作器，而馬固不可作器也。

師艅鼎　「」字徑可釋作「射」，不必從夜通也，「夜」字亦太不相似。

季娟鼎　「小臣」下當是「陸」字，古文「陸」作「」，此正似之，釋爲「夌」、「先」二字，俱不安也。

仲偁父鼎　「周伯」未確。「俘」上當是「乃」字。

疐鼎　「」當是「我」字。

康鼎　按《班志·趙國》：「襄國，故邢國。」《説文》：「邢，周公子所封，地近河内懷。」此鄭邢不知所在。諸侯大夫命於天子。「康」，其名也。「艾伯」或是共伯，古文「共」作「」，此或有剥落耳。「艾伯内右康」爲句，「王命女嗣王守」爲句。嗣其

先人，爲王守土也。又「□□幽黄鞗勒」，「□□」當是「錫女」二字也。

無專鼎　按「于圜室」當是「恢于圜室」也。假「灰」爲「恢」，較之改爲「燔」者勝矣。「圜室」即明堂、太室，「明堂四達法海員」，亦可稱「圜室」，殷謂之「重屋」，縱言之；此「圜室」，平言之。且其字中從四在下與四在上，一也。「官司㠱」當是「官司工」，古借「紅」爲「工」者多矣，較「㠱」字爲妥也。時蓋修明堂之室，無專司其工，告成之後有此寵錫。「王逌側虎方」，「虎」字當是「成」字。「逌」、「側」、「方」亦俱未確。「逌」字篆形似「嘉」字，未敢臆改。此蓋宣王中興，重修明堂圜室時器也。「專」字舊釋作「惠」，亦可通。

鬲攸從鼎　「」當釋作「比」。

頌鼎　按「」字既絶不類「贮」字，即證以頌敦，其形作「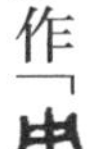」，下字形作「」，蓋中有剥落，亦非「賔」字也。古積贮字止作「宁」耳。「命女官司成」爲句，「周□廿家」爲句，未爲不辭。疑「」字乃「賁」字，大鼓謂之賁。《詩》：「賁鼓維

鏞。」樂器莫尊且重於賁鼓，故特命頌作司成而監造之。「用宮御」者，天子宮縣，諸侯軒縣，用鼓作樂定非一處，一處又非止一鼓，言「廿家」者，或造賁鼓二十面也。「反入覲章」即「載見辟王，曰求厥章」也。「求章」鄭注謂「求其車服禮儀之文章制度也」。「覲章」如此說，乃有實事。「觀寵」殊難安也。

曶鼎　按此銘古澀不盡可解。原釋「㸬」可從矣。惟「羊」字不必釋作「詳」，「尊」及「羊」固可通。

亞尊　按下象二弓之形，《毛詩傳》曰：「交韔，交二弓於韔中也。」又曰：「重弓，重於韔中也。」此正似重弓。孔氏謂「交韔」爲顛倒置之，因其簫弭而顛倒之，實亦即重弓也。

虢叔尊　「叔殷」者，疑虢叔之女適宋者也。「榖尊」取宜子之祥，又著其爲媵器，在「齊子尾嫁女器」之先矣。

邑尊　按此人名是「叉」字，《說文》：「手足甲也。」信汗簡不如据《說文》也。若「腹」、「肩」、「拳」、「手」皆可名矣，豈「叉」獨不可名乎？「裘」本止作「」，象其

毛，此作「」，令毛在衣外，甚有致。夫人當國，故稱「公姞」。三代王侯不聞有女主公姞，亦奇矣哉！

臤尊　按《周書》「篾席」，《説文》引作「莧席」，而於「蔑」字下解云：「勞目無精也。」此不知古止一字也。「篾席」馬融、王肅皆釋爲「纖蒻席」，又「文王蔑德」鄭注爲「小德」，僞《孔傳》訓爲「精微之德」，然則「蔑」義合精微、柔弱而有之矣。「蔑德」之稱，惟文王當之。「文明柔順，小心翼翼」，凡言文王之德者，皆「蔑德」之實也。其字當有從竹從木者，惜不得其確證。「曆」字在許書「甘」部，「和也」，當從甘厤聲，方與全書例合。今乃云：「從甘厤。厤調也。」「甘」亦聲，讀若函，係後人竄附無疑。「蔑曆」者，疊韻字，合訓之即所謂「徽柔懿恭，咸和萬民」也。鍾鼎中用此二字，皆言其精細任事耳。此原釋「車彝」，「車」字未確。「」字非「服」即「般」即「受」，解爲「臤」字，亦未盡安。「古阜」亦俟考，銘文倒行亦罕見，「公阜」似是「晉阜」，或秦國器乎？

邑卣　按「司田」可通，不必釋爲「治田」也。

㮑卣　按「」即釋爲「稽」字，可矣。古文與小篆不能盡似，且較「㮑」字爲勝也。小篆「稽」字從尤，取稽閡之意。此古文從丮。「丮」，持也，亦有拘止意。「古阜」未確，依前《臤尊銘》當是「晋阜」，疑秦臣之防晋者，於此置戍，亦猶「晋使詹嘉處瑕，以守桃林之塞」，今潼關左右山阜連緜，蓋其地也。「旂鼎」稱「文父白乙」，蓋白乙生時作器，此云「文考白乙」，蓋白乙死後作器，㮑與旂或是兄弟耳。「永」下釋作「福」字爲安。「寶」字已見上文，不比。「䭫」字原與「稽」不同也。

門犾卣蓋　按「」止是一字，疑是「闕」字也。「」字不可識，或「窟」之異體乎？

⿰女疊妊壺　按「安壺」之名堇堇見此，蓋取「安吉」之義。此與「㲄尊」同意，皆女子之物。《説文》從壺之字，惟「壼」與「壹」耳。於「壼」曰：「壹壼也。」於「壹」曰：「嫥壹也。」「安」之一字，盡壺之義矣。

伯壺　按「酓」者，飲之省。飲從酓，可省爲「酓」，猶尊從酉，可省爲「酉」也。以爲「盦」字之古文，不知所據，謂「壺有蓋，故曰盦壺」語，尤臆造。古器有蓋者多矣，獨此以蓋命名耶！「壺」旁有「攴」者，「尊」、「敦」、「彝」、「爵」等字，或從屮或從又，皆象人手持之。此「壺」旁「攴」字，正其旨也。

頌壺　按據此則「貯」字明顯。《詩·靈雨》箋云：「靈，善也。」「靈」省作「霝」，「霝終」即「令終」，同於張老之「善頌」矣。

彭姬壺　「彭姬」，彭國之女也，則「彭」爲周同姓矣。按彭本水名，國蓋因之。然地名「彭」者不一處，疑古國名亦非止一「彭」也。

史僕壺蓋　按旂鼎「僕」字作「」，上段與此正相似，雖難定所從，然形如一，蓋從菐之上有此形。《說文》：「僕」古文從臣，作「」。恐有誤，上段形與「臣」字相似也。

史賓鈃　按《左傳》「鄂」即晉之鄂侯。「賓」者，蓋即欒共叔賓也。時曲沃已盛矣，共叔之爲是器，其尚在未傳曲沃桓叔之先乎？

鳳爵　按三代時未聞以「鳳」命名者，「鳳」「朋」同字，「隰朋」其即「隰鳳」歟？

招觚　首一字蓋作「舋」，失其義矣。

手執中觚　第一卷之「史䵼」與此何異，乃不釋爲「子執中」乎？

子燮兕觥　蔡亦有公子燮，見《左傳》襄公二十年。

燕姬彝　按「燕」字不甚確。古文「魯」、「旅」同字，此或是「魯」字。

琖王彝　此字甚奇，下著「王」字，又難解。

田彝　按「」蓋即「鼎」字。

庚姬彝　按亦可釋爲「唐姬」。

三家彝　三家同作器，堇堇見之。「追」字可通「敦」，亦可通「雕」。

臮伯彝　字勢甚明，「臮」字固未甚確，「羞」字尤疑。

禽彝　按第三字或是「楚」字。「禽」、「祝」蓋人名，或周公謀於伯禽及祝，伯禽謀之而祝往成功，故曰：「禽右敀祝王乃錫禽金也。」又祭公謀父亦周公之後，亦當可稱周公，如周公次子之例。昭王南征不復，穆王伐之，謀父禽其渠魁，得王賜而作器也。

寓彝　按春秋幽爲宋地，「幽尹」其邑長乎？

霸女彝　按「伯女」亦未安，「女」旁當有剥落，蓋「姬」、「妊」、「姞」等字也。

大保彝　按「予」字固不似，「共」字亦勉强，「南」字其庶幾乎？

印父彝　按「印」字不相似，或是「升」字，或是「丹」字。「丹」字從井，以第二卷拱井形例之，亦可矣。又或從卂旁作半「非」，即「飛」字乎？於字勢則「飛」近之。

小臣繼彝　按「」字從宀從又，當是「守」字，下段爲從寸之變體。「」從廾，廾從，「」者，「死」之省，「」蓋「葬」字也。「」字蓋倚廬之名，天子雖無廬墓之法，然王至葬所，如遠不能即返，其有墓廬，宜也。王守墓廬，而小臣以即事錫貝，是冢人、墓大夫之屬也。《書·顧命》：「恤宅宗。」自來皆注爲「憂居爲天下宗主」。按之經文，實爲未順，蓋「宅宗」者，即宅於倚廬也。「宗」字即此「」字之形誤，若「宗」字非誤者，此亦當讀爲「宗」字也。即此而得「宅宗」之義，又因《顧命》文而得此銘之義。「旁舟」之訓真附會過甚矣。小臣之名亦非「繼」字。

父丁彝　以「卿」爲「慶」，又訓爲「賜」，太迂回。

繼彝　按此與前器出一人所造。「葬」下當是「亭」字。《説文》：「亭，民所安定也。」王所暫居，故亦稱亭。人名是「靜」字，下一字尤瞭然，前器有剥落耳，不知何以釋爲「繼」字。

宂彝　按此鄭厲公器也。《左傳》：莊二十年春，鄭伯和王室不克，夏，鄭伯遂以王歸，王處於櫟，鄭得有宣王之廟，故曰「格大室」。《説文》：「邢，鄭地也。」此「邢叔」即鄭卿命於天子者，故得贊王禮也。「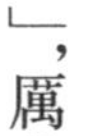」，厲公名也。《春秋》、《史記》載厲公名「突」。按《説文》：「突，犬在穴中也。」「宂，椒也。從宀，人在屋下。」蓋以形近岐誤耳。鄭武公名掘突，莊公之父，厲公之祖也，豈有周之懿親而祖孫同名者乎？是足以定厲公之名是「宂」非「突」矣。作「突」者，皆譌字也。鄭在周爲司徒，此作「司工」者，蓋司空也。殆本作司徒，而兼令作司空以寵之乎？「載」字是否「束」字，未可定。「王」者，惠王也。

吴彝　古「吴」、「虞」同字，此其唐叔虞之器乎？又楚靈王滅陳，五歲而平王立，故陳悼太子師之子吴爲陳侯，時周景王之十六年也。必當復請命於周，故錫車衮如初立國乎？然何得曰「惟王二祀」也？則不如仍屬唐叔爲少安矣。

梋妃彝　按「叡」蓋借爲「嚳」字。

陳侯敦　陳胡公娶元女太姬，其後多娶姬姓女。「嘉」者，謚也。

邿遣敦　不甚似「遣」字。

遣小子敦　按「」蓋「韍」字也。《説文》：「，韠也。，篆文市，俗作紱。」《説文》之例，古文爲建首，則篆文之從古文者次之。其俗作某字者，亦别出篆文。今「韍」字不從市，「紱」字無篆文，見此銘乃知許書脱一「」篆。「韍」者，篆文之「市」，而「韍」則俗字也。「男」上一字半作「」。《説文》「」部有「」，而此字下半作「酉」，竟不可識。《左傳》：哀十七年，宋有鄦般。鄦者，地名。豈「鄦」可作「魯」，本宋附庸國乎？　俟再考。

長生敦　「長」字似矣，然亦似「㐱」字，「」從彡人聲。

魯伯大父敦　「大」字上半有剥損，未可徑釋爲「大」字。

師田父敦　「王在京」，殊未安。「柴誓我商，賚女商貝」，其即錫貝歟？

豐姑敦　以臆度之，「豐姑」蓋窒叔之妻，故叔爲作敦以享孝於諫公。又云「於窒叔寍有茲敦，□□亦壽。」且云及「子孫永寶用」也。「譀公」蓋姑之父，或其舅也。

師遽敦　「顯」字蓋止從㬎，而又省作「」。

彙敦　「彙」字未確。

召伯虎敦　此「虎」字明白。「召」字古文亦似。其曰「六年四月」，自是宣王之六年也。「」舊釋爲「旁」，按仍當爲「葬」字，中有屋形，或是葬處居宅之名而後失其音義也。「」舊釋爲「愛」，按當爲「慶」。《王制》云：「則有慶。」《月令》曰：「慶賜遂行也。」「」舊釋爲「徵枱」，按當爲「獄訟」。「獄」字甚瞭析，「訟」字從言從工聲，與從公聲同。又從木者，大司寇聽之棘木之下也。「」舊無釋，按當爲「號」，有剥損耳。「」即「物」字，司常大夫士建物。《說文》作「勿」，是「物」、「勿」一字也。「」舊釋爲「月」，按當爲「曰」。「」舊釋爲「侯」，按當爲「俟」。「」舊釋爲「報」，按當爲「執」。「王在旁」者，在於葬厲王之所也。按《史記》厲王奔彘，十四年而死，共和立宣王。以此器度之，宣王之立，厲王猶未死也。「召伯虎告

曰」，王告召伯虎也。《康誥》、《唐誥》之例也。「曰余告慶，曰公及□□用獄訟，爲伯父庸有成」者，王告所以慶賞之意也。「亦我考幽伯幽姜命余告慶」者，以王命告於考妣也。「余以邑號有司余典物」者，至采邑令有司稽其典册器物。言「典物」者，即《左傳》云「備物典册」也。「敢拜曰：余既□有司曰：俟命」者，召伯與有司相授受之詞也。「余既一名典獻伯氏，則執璧琱主對揚朕宗君」者，言以册獻於幽伯，復以璧告於其始祖之琱主。「始祖」故稱宗君。「琱主」者，叔重所云「大夫以石爲主」也。「享于宗」，器爲宗君作也。「刺祖」不得其義，若以「刺」爲「謚」，不得稱「刺祖」，豈「初」字之訛誤歟？所稱召伯之功，蓋即共和行政之事也。乃堇堇曰「獄訟」者，堯薦舜於天，訟獄者不之堯之子而之舜。虞芮質成，文王受命。傳曰：「無情者不得盡其辭。」此謂知本。即召伯之先召公以聽訟甘棠之下，致勿翦勿伐之思。蓋自典章文物之外，治天下之事未有大於獄訟者也。「余既」下字不可識，或是「嚴」字，「口」形、「敢」形尚可辨審也。

留君簠　此「商」字疑假爲「觴」字。

冘簠　「冘」者，鄭厲公名也。「作司土」即司徒，鄭在周之職也。曰「嗣鄭」者，厲公既出復入國也。得復爲卿士者，其在魯莊公二十年春，鄭伯和王室不克之時乎？「」字明是「周」字，似古「魯」字而實非，且周王何嘗有在魯之時乎？虞人、牧人皆司徒之職之屬。「還□眾虞眾牧」，非鄭伯在周之詞而何？時惠王將居鄭矣。「」字不可識，恐非「散」字。「周」作「」，古器銘中用點文飾字畫間者甚多，如「」字往往作「」也。錫以戎衣，明爲令伐子頹之黨也。《春秋》鄭厲公名突。按武公名掘突，厲公是其孫，不得同祖名也。「冘」形近「突」而誤，得此器足糾寫經誤字矣。

叔䑔簠　乳、養義太隔，或是「孚」之别體乎？「䑔」自是名字，不得訓爲「我」。

曾伯霥簠　「霥」疑從雨從桼，或從沐，不似「霥」字，《石鼓文》自作「」，不得據爲證也。「」當是「革」字。革者，急也。「」象韋革形，條勒字往往如此，不似「業」字。「」二字難識，不似「段繼」字。

陳逆簠　按諸器中於「簠」字皆從匚作匠，於「簋」多從皿從。則謂「簠方簋圓」者，較「簠圓簋方」之説爲可據，「匚」即古「方」字也。「」蓋「弼」字之通假，猶「輔」也，不得釋爲「」字，「」事於文隔也。「」疑是「圓」字，笑不盡圓也。「簠」、「簋」從竹，而諸簠中無作「簠」者，惟此從竹，尚存本意，蓋初皆以竹爲之也。「壽」上當仍是「眉」字，有剥損耳。近出「齊侯罍」亦陳氏器，余亦辨定數字，阮師爲作《後齊侯罍歌》者也。

魯侯簋　「簋」字尚疑。

史燕簋　此「燕」字疑。按《石鼓文》有「」字，此略似之。

甲午簋　「甲午」，莊襄王之四十年。「是」字疑。

天錫簋　「」即「格」字。

冗盉　此亦鄭厲公器也。蓋魯莊公之二十一年，鄭伯享王，王以后之鞶鑑予之。此云「用作般盉」，即其事矣。阮師《商周銅器説》辨「鞶鑑」之「鞶」爲「盤」之通借，引《左傳》定六年「定之盤鑑」及《易》「鞶帶」兩處釋文，駁杜注「帶飾」之訓之謬。今定是器屬厲公，又得一天然左證矣。鍾鼎文字足裨經傳若此。

㲉父甗　以古文「握」作「」例之，此字疑從手從厥，蓋「撅」字也。「撅」、「蹶」相假，豈即《詩》之「蹶父」歟？

司甗　《說文》：「蜀，葵中蠶。從虫，上目象頭形，中象其身蜎蜎。」此豈「蜀」字歟？

齊鬲　以「旅尊」、「禮簋」、「安壺」例之，「齊鬲」之「齊」當爲齋戒字。古銘器義尚廣大，不必定爲「粢用」也。

王母鬲　此「王母」其西王母乎？當考《穆天子傳》。

鄭羌伯鬲　「姜」字從芊，而「」從，未必是「羌伯」也。

曾中盤　得無是「曾申」乎？

品父盤　「品」從三口，此字豈是從三口耶？

拍盤　「惟」字象短尾鳥，故長其足，精甚。

寰盤　「寰」字當作「寰」。

周龍伯戟　「龍」蓋古國名。成二年，《左傳》：「齊師伐我北鄙，圍龍。」杜云：「在泰山博平南。」豈即古國地歟？

周距末　「愕」字、「鳌」字俱不甚的。此「末」字亦似與「國」爲韻。

秦斤　按此權斤量刻字，自「元年」以下爲二世所刻者，凡始皇刻石皆有二世此詔刻於後。今世流傳翻模之本有《繹山刻石》、《會稽山刻石》其原石傳至今日者，泰山廿九字及琅琊臺石刻，皆止存二世詔，且或不全，其始皇刻字則無之矣。始皇於金石刻中皆止稱「皇帝」，無「始」字，故二世詔以金石刻，皆始皇帝所爲也。今襲號爲皇帝，而金石刻如舊傳之久遠也。若後嗣之所爲者，無以稱頌始皇之成功盛德，故皆令刻此詔焉。其石刻有「丞相臣斯等之請，具刻詔書，金石刻因明白矣」，言既刻二世詔書，則始皇所刻金石因得明白也。金刻無丞相等云云，故云「刻左使無疑與刻石異詞」，不得以此疑《史記》刻石之「石」字爲誤也。此數器實足補《史記》之闕，且互相證明焉。「殹」之爲「也」，毫無可疑。

好時鼎　《地理志》：好時縣屬右扶風。

汾陰侯鼎　汾陰屬河東郡。

大官壺　此建武二十年也。「」字乃「年」字，模刻失其真耳，不得釋爲「選」字。「主太僕」下不似「監」字，蓋人名也。

永建洗　按如蘇林説，又證以此洗，《班志》作「提」字者，疑誤也。

漢安魚鷺洗　《班志》於「朱提」下注云：「山出銀。」

吉羊洗　「羊」下作「口」，蓋古「詳」假爲「祥」也。從言之字，古多作口。

耿氏鐙　此鐙想是大者，故曰「此二」，言一可當二也。

書言府弩機　《朱博傳》云：「長吏自繫書言府。」

晉左軍戈　「」疑是「寶戈」二字。

漢染棓　「染棓」蓋染人所用器。

東洲草堂金石跋卷三

跋吳平齋藏石鼓文舊拓本

乾隆年間多三字本，近已不可多得。此真明拓本，多出筆法無數，恨昔年過天一閣觀北宋拓本，未及細記著之耳。阮刻本頗經瘦銅諸君臆沾，未可據也。平齋先生可得暇訪之乎？平齋屬子敬弟携此册至京屬題，因記之。

跋吳平齋藏石鼓文宋拓本

覃谿老人《題石鼓文長歌》一篇有云「敬當濡素拓陰款」，承上一聯言欽頌周器十事也。又云「一空籀史金石史」，謂孔子寫六經用古文不用籀書是也。下文「古今第一寶刻在」句何耶？且「金石史」如何空法，疑不能明矣。

跋吴平齋藏秦泰山二十九字拓本

秦相易古籀爲小篆，遒肅有餘而渾噩之意遠矣，用法刻深，蓋亦流露於書律。此二十九字古拓可珍，然欲溯源周前，尚不如两京篆勢寬展圓厚之有味。斲雕爲樸，破觚爲圓，理固然耳。同治乙丑仲春月十七日，寒雪呵凍。

跋楊龍石藏地節二年楊氏買山券拓本

此碑初出，頗有疑其僞者，以班書《地理志》有巴郡無巴州也。豈知州、郡古人往往通稱。即如《地志》稱「武帝南置交阯，北置朔方之州」，而交趾、朔方固皆郡名也。《雄本傳》云：「楊氏溯江上，處巴州。」江州爲巴郡首邑，此所云「巴州」即江州矣。《雄傳》又云：楊季官至廬江太守，元鼎間避仇，復溯江上，處岷山之陽曰「郫」。自季至雄，五世而傳一子。此稱「巴州」。楊量似當在未徙郫前，而《紀年書》「地節」則實在徙郫後。巴州者，本其初言之，不稱楚巫山者，據近也。龍石老兄家吴中，又何時自蜀徙來乎？聞此石亦已由蜀至浙，石雖壽，能保不遷移哉？「十鼓可載數橐駝」，韓公語且成詩讖，矧此片石耶。君家妙斲，自楊氏三碑、孟文石門頌、蜀侍中闕外，惟楊紹買冢地莂及此耳，而年世則無先於此者。龍兄每得佳蠟墨，輒不遠數千里寄來，近復將舊藏莂拓見貽，何割愛至是也！屬題此拓，請益祝金石大壽無竟。

敦煌太守裴岑紀功碑考

裴岑紀功碑自來考石墨者無所據依，以范書不載其事也。按碑云：「永和二年八月，敦煌太守雲中裴岑將郡兵三千，誅呼衍王等。」其事甚核。「除西域之災，蠲四郡之害，邊竟艾安，振威到此。」其功甚盛，立德祠以表萬世，是邊民感德所爲。立祠建碑，非苟且倉卒可就，其務垂後之意甚遠。史家於此而不書，則無貴修史矣。一日靜繹范書《西域傳》，忽有所悟，知裴岑事實具《傳》中，得以碑訂史之脱誤者三事，以史訂碑拓本之誤者一事焉。《傳》云「陽嘉三年夏，車師後部司馬率加特奴等千五百人，掩擊北匈奴於閶吾陸谷，壞其廬落，斬數百級，獲單于母、繼母及婦女數百人，牛羊十餘萬頭，車千餘兩，兵器什物甚衆。四年春，北匈奴呼衍王率兵侵後部，帝以車師六國接近北虜，爲西域扞蔽，乃令敦煌太守發諸國兵，及玉門關侯、伊吾司馬，合六千三百騎救之，掩擊北虜於勒山，漢軍不利。秋，呼衍王復將二千人攻後部，破之。桓帝元嘉元年，呼衍王將三千餘騎寇伊吾　」云云。余按此段「四年春」上脱「永和」二字也。《史記・匈奴傳》曰：「人習戰攻，利則進，不利則退。」又曰：「其見敵逐利如鳥之集，其困敗則瓦解雲散矣。」此陽嘉三年北匈奴之敗，至於獲其二母及車畜以萬千數，挫損極矣，彼見害則遁耳，豈有甫經數月至四年之春，呼衍王輒復來侵後部，而帝以全勝之後反躊躇於西域扞蔽，發兵之多四倍於前者乎？此事理所必無也。且《順帝紀》於陽嘉三年書「車師後部司馬掩擊匈奴」事，至陽嘉四年書「馬賢擊鍾羌，大破之」，又書「烏桓寇雲中」，「圍耿曄於蘭池，發兵救之，烏桓退走」。獨於呼衍王春秋两次侵後部，及敦煌太守發兵掩擊則不書。夫事文脱漏，史家之常，然未有同時同事，又烏桓、鍾羌與北虜相犄角，顧於三寇之役獨缺其一者也。且據《烏桓傳》救耿曄之兵止積射士二千人、度遼營千人，視此六千三百騎少至一倍，尤不當書其細而遺其巨，此又事理所必無也。明此事實在永和之四年，蒙上「陽嘉三年」而誤脱永和年號也。是當以碑訂史之一事也。又「敦煌太守」下當有「裴岑」二字也。《西域傳》所載敦煌太守無不著姓名者，若建武十七年之裴遵、元初六年之曹宗、延光二年之張璫、永建二年之張朗、四年之徐由、元嘉間之馬達即司馬達、宋亮皆是也。敦煌太守掌西域北虜之門户，據玉門、陽關，爲河西四郡之長，事兼文武，權甚重而材甚選，故史家必謹著其姓名，獨此偶有闕遺，而是碑之裴岑適當其時。補苴罅漏，張皇幽渺，若不期而合者，是當以碑訂史之二事也。又「呼衍王復將二千人攻後部，破之」，「破之」之上當有「敦煌太守某某」，或「我兵」等字也。帝既以車師六國爲西域扞蔽，後部破則扞蔽失，爲患甚巨，或戰或守，不應寂然無事十餘年，不遣一將，不發一卒也。且虜性見利則進，是年秋既破後部，必據之以深入。後部與前部及伊吾城地南北接連，豈有已得後部，越十三年至元嘉元年始寇伊吾者乎？且如史文，破後部在陽嘉四年，則距元嘉元年之入寇且十六年矣，真不近情理之甚者。又史氏立文，以中國制外夷曰「討之」，曰「擊之」，曰「破之」，曰「平之」，曰「討破之」，曰「擊破之」，曰「大破之」，曰「破降之」；其外夷内犯者，曰「入寇」，曰「大入」，曰「殺某官」，曰「攻没某地」。華夷有貴賤主客之判，故立言之體宜然。遍撿范書西域、匈奴及夷、蠻、羌各傳，無不皆然。自漢置西域長史、前後部司馬、伊吾司馬以來，車師前後部皆内屬若郡縣，不得云「破之」，明此是呼衍王爲我所擊破。所謂「秋」者，此碑之八月也。「破之」之上顯有脱字矣。是當以碑訂史之三事也。或曰：史文「四年」上當補永和年號是矣，然史云「四年」，碑云「二年」，何耶？余曰：「此相沿誤識，致翻本俱同一誤耳。」今取原石拓本視之，「四年」之「四」字與後「四部」之「四」字，宛如一字，觀者以「四」直畫爲石理溜泐，誤仞爲「二」矣。顧千里謂「德祠」之「德」字，似「德」似「海」者爲真本，明見「德」字、「海」字者爲贋本。今則又添一證，作「二」字者是贋本，似「二」字而實「四」字者乃真本也。是當以史訂碑拓本之一事也。合此四事，裴岑事之在范史，奂然明白，無可疑者矣。延光時，張璫上書有云：「北虜呼衍王常展轉蒲類秦海之間，專制西域，當先擊之，絶其根本。」是呼衍王在西北最爲勁虜。自建武至延光，西域三絶三通，陽嘉以後又復驕放，自此次擊破之後不侵邊者十三四年。此「除災」、「蠲害」、「艾安」、「振威」、「立德祠」、「表萬世」等語，固非漫爲夸大者。建武時賜莎車王賢西域都護印綬，敦煌太守裴遵上言夷狄不可假以大權，詔書收還印綬。裴姓見於范書者甚少，岑後於遵百年，蓋一家子姓嗣爲郡守，又系出雲中，邊人而習邊事者，范史顧失其名，賴是碑以存。又不著於前代，至我朝雍正七年，岳大將軍始得之於石人子地，乾隆二十二年，裘文達公始打本流傳，因見於牛、翁、錢、王之著録，然皆因陋踵誤，無所證明。申兆定至誤引永建二年事爲永和二年，尤可嗤嘆。蓋審定辨正，實自余今日始。昔霍驃騎封狼居胥山，文字不傳，竇伯度、耿桓侯勒石燕然山，僅傳班固之文，岑之較之何如厚幸。立祠表德，出於邊民之感頌，以視幕府從事鋪張上德、揚厲天聲，此華彼樸，大有間矣。萬里冰天，孤碣長峙，聞石堅滑如玉，拓者罕不遇風雪，故真本入關者甚少而至珍，殆有神護也哉。道光二十有二年夏四月金陵寓園。

跋石門頌拓本

咸豐乙卯初秋，余已卸蜀學使事，即爲峨眉之游，先至嘉定府，爲李雲生太守款留署齋者三日，論古談詩，荷花滿眼，至爲酣洽，插架書帖甚富，瀏覽之餘，快爲題記。見余心賞是拓，臨别遂以持贈，遂携至峨眉，逮回洪雅縣齋，將游瓦屋，太守令乃郎伯孟冒風雨來，執摯吾門，奉手盤桓者兩日。余回成都後，旋自蜀入秦，書問不絶。丙辰入都小住即南游，聞雲生作古人，此帖竟成遺念，每一展玩，不勝悽感。拓本甚舊，非百年内氈蠟，余所藏《孟文頌》此爲第三本。同治癸亥。

跋崇樸山藏華山碑四明本

甲辰使黔歸，阮賜卿兄以此碑及泰山廿九字質於余齋。己酉使粤時贖去，云：「吾師欲觀也。」乃帖未至揚，師歸道山，賜卿以貧故，遂以帖歸崇樸山侍郎。樸山以駐藏將發，屬爲題記，因呵凍爲詩，書於邊紙。帖在吾齋時，重爲裝池加寬邊，今日摩挲，尚難釋手也。

跋黄小松舊藏衡方碑拓本

余得見小松拓本多矣，似此翦褾氣韻，望而知爲小蓬萊閣手裝本，加以題籤分書出小松手，益增寶重。因憶從前得楊石卿所贈整褾本，有碑陰者，即小松所藏，而覃谿諸老及後來賞鑑家題記滿眼。此本氈蠟雖後，而用墨適宜，遂使意味增古。今日題跋家苦無覃谿其人，即小松當日亦不著一字之墨，未嘗非恨事也。

又跋衡方碑拓本

《衡府君碑》方古中有倔彊氣，自是東京傑迹。昔石卿贈余古拓本整幅，經覃谿、小松題賞者，高懸雪壁，余目近視，苦難臨仿。丁巳薄游歷下，購獲此本，精采勃發，又翦褾册便於摹取，意甚珍之。嗣復得黄小松乾隆末年搨本，楮墨極舊，有韻味，而得字比此尚少，因思古人石墨顧氈蠟何如？非盡今不如昔也。

越歲己未主講灤源書院，知是碑在汶上縣野田中，屬縣令移至學宫，精拓四本。然而得碑較易，仍須學官善護視之，不可率爾椎拓也。

跋史晨饗孔廟後碑宋拓本

前碑東向，而碑陰乃西向，故孫退谷《庚子銷夏記》誤以後碑爲前碑也。「余嘗得百年前拓本，皆前後二碑，每行三十五字耳，竟覓下一字不得也。乾隆丁酉，曲阜孔誧孟户部請假歸，余屬其命工洗濯精拓，則每行下一字皆入趺嵌者寸許，是以從來拓者莫能措手，户部命工人舉而起之，於是戊戌寄來之精拓新本，皆每行三十六字，計前碑多出十字，後碑多出五字。」覃谿《金石記》所言如此。此本每行三十六字，是未經嵌入趺時拓本無疑。當立碑時，必無以字入趺之理，後來重樹碑時乃深嵌，令可卓立爾。籤題「宋拓史晨孔廟前碑」，誤以後碑爲前碑，與退谷同。自《金石録》已將二碑前後顛倒，因前碑之首云「建寧二年」，後碑之首云「建寧元年」，其實史晨祀孔子在二年，到官在元年，後碑追敘到官之期而備言之也。是拓之古得斯證益信，况紙墨沉茂至此乎！乙巳除夕，檢閱藏帖，漫記一段。

跋潘校官碑拓本

伍詒堂出示《校官碑》，謂爲宋拓以後有元人單禧及明萬曆吕叔簡跋尾也。然單禧跋本已刻石，此不過仿照重録，叔簡所題亦即摘録王著《校官碑考》語耳，皆不爲真迹，其非宋拓亦明矣。此碑世竟無精拓本，殊不可解。是拓尚屬略佳者，因細玩之，較《萃編》所載，復識出數字。「南霍之神」，「神」字作「祀」，前人皆誤爲「禱」字。「修□□之迹」中兩空字，細辨知爲「藋苻」二字。「修」者，除治也。「藋苻」用子大叔取人於藋苻之澤，「萑」、「藋」相通假也。「雅容□閑」，辨爲「物閑」，「牛」字甚明白，「勿」字亦存大意，石有泐損耳。「比物四驪，閑之爲則」，此假借用之。射者當物揖，故云「發彼有的，雅容物閑」也。「□刈骾雄」，審爲「龕刈」，「龕」音義同「戡」，見《文選》注。其「藋苻」「苻」字僅存左半，或是「栵」字亦未可知。假「藋」爲「灌」，言修除灌栵，即闢土地之意也。

跋陸次山藏潘校官碑拓本

此碑自詳著於《隸釋》後，至今尚無甚殘損，惟首行「三百八十有七載」，今堇存「三百」字，因石邊易泐也。「稾資南霍之神」，《隸釋》「霍」、「神」字俱缺，足見石質甚堅，後有精拓，且勝於昔也。「郡位既畺」，《隸釋》誤「畺」爲「重」。「龕刈骾雄」，「龕」字《隸釋》及今《萃編》俱缺，賴此佳拓以著之。「龕」、「堪」、「戡」音義相通假也。《金石圖跋》謂潘乾之職乃縣長而非校官，覃谿駁之，謂校官爲學舍官職之統名，歷引班、范書以證之。其實本碑即明云「構修學官」，其字是「官」非「宮」。《隸釋》誤作「宮」，《萃編》仞定作「官」。校官者，學舍也。「官」字從宀，凡從宀之字皆以屋室爲義也。「官」字下從𠂤，蓋象周廬列舍之形，謂臣吏所居，後乃引申爲官職之稱。《周禮》「官府都鄙」并稱，是其本義也。叔重於「宀」部「宣」字云：「天子宣室。」「宏」字云：「屋深。」「宰」字云：「辠人在屋下執事者。」「守」字云：「守官也，從宀。府寺之事。從寸，法度也。」蓋惟恐人昧其本義，獨於「官」字入「𠂤」部，云：「吏事君也。從宀𠂤。「𠂤」猶眾也。此与「師」同意，未免自淆其例。當以此「校官」二字正之也。此碑「校官」二字直謂學舍，與官職無涉。陸次山仁兄得此舊拓，携來都中示我。涼夜秋鐙，展繹再四，喜獲斯義，遂書請正。時丁未秋分後。

跋曹景完碑陰拓本

此亦周通甫手黏本。道光乙酉春在濟南藉書園，通甫纔收得，見示其所藏，碑面拓本極精，遠勝碑陰。咸豐戊午、己未間，客游歷下，頗得舊碑拓，未見斯本，時周氏物散落將盡矣。

跋漢司徒殘碑拓本

《司徒殘碑雙鉤本》因中有「司徒」字，故題此目，其實非也。余按碑文中有云：「王有胤代，寡親在堂。」是宗室王支庶子不得嗣爵爲王，而退養其所生母者也。又有云：「司徒建績，協亮漢皇。」按《百官志》：司徒公一人，在太傅、太尉之次。東平憲王蒼上疏曰：「自漢興以來，宗室子弟無得在公卿位者。」則宗室王子孫不得有爲司徒者矣，惟光武長兄齊武王縯字伯升爲大司徒，時稱司徒劉公。劉稷曰：「本起兵圖大事者，伯升兄弟也。」然則「建績」、「協亮」，其爲伯升無疑。此碑所稱則伯升之裔矣，伯升被害後，光武立其長子章爲太原王，徙齊王次子興爲魯王。此所云「王有胤代」者，不知爲齊歟？魯歟？章薨後，子石嗣，石弟張封下博侯。永平十六年，與竇固擊匈奴，後進者多害其能，數被譖訴，建初中卒，肅宗下詔褒揚之，復封張子它人奉其祀。此碑有「舉將」云云，似言其行軍也。「羣公争德，隱身絶俗」及「避言隱燿」等語，似指其被譖也。「齊光日月，厥德聿昭」云云，似指肅宗之褒揚也。然則以是爲下博侯劉張之碑，殆無疑義。又按《竇固傳》：固以永平十五年，拜奉車都尉，明年出酒泉塞，擊呼衍王，時諸將惟固有功。又明年，復出玉門擊西域，詔耿秉及騎都尉劉張皆去符傳以屬固，遂破白山，降車師。是張於十七年以騎都尉與固出塞，與《明帝本紀》合。《本傳》云「在十六年」者，牽連十六年固與耿秉、來苗等出塞而誤耳。至《西域傳》云：「永平十六年，北征匈奴，遂通西域。」又云：「永平十六年，取伊吾盧，道通西域，車師始復内屬」者，此合并紀事之終始耳，非謂車師之降即在十六年也。十六年諸將惟固有功，十七年詔張同行，有白山、車師之捷。則「舉將」云云者，或即固之所舉歟？《本傳》止言封下博侯，不言爲騎都尉，亦是疏略。自歐、趙著録以來，東京碑碣日出不匱，而宗室王子孫無片石之存者，惟《水經注》「汶水」條下有「東平憲王蒼碑闕」，酈氏例不詳文字，而歐、趙亦未見著録，則毁失久矣。此碑石既亡，并拓本亦不可見。噫！天潢胄裔生前豐侈，百歲之後，既不得有門人、故吏立石表德，漢家制度蓋亦無樹碣以彰懿親者。「東平憲王碑」或是章帝親拜陵祠時所刻石，然文字絶無可考。此「下博侯碑」閲世千七八百年，殘石拓本始見於世，旋亦罕傳。近日耽研石墨如竹汀、覃谿、蒞谷、小松、淵如諸老，皆及見此拓而不能爲之考釋。直至今日張容園得淵翁舊藏雙鉤本，壽之貞木，余見之，始爲考其略如此，不甚可慨幸也哉！石既剥落，拓本僅餘百三十字，褾本去其無字者，遂不復可讀。此雙鉤本因之，亦不知其碑式行款若何，祇可讀者數句，足爲據依耳。後有跋云：「原本金君橘社得自席君次韓，余從俞子竹居處鉤得，竹居之本來自申公鐵蟾。乾隆庚戌九月三日，璟燕鉤畢并記。」席君本或即後歸黄小松之本，或别自一本，均不可知。璟燕不知何人，跋語詳記本末，亦耆古士矣。其云「司徒殘碑」者，即璟燕所題，準《金石録》「司空殘碑」例也。道光二十有二年夏四月。

記江氏劉熊碑雙鉤本

據《隸釋》載此碑全文，第一行「大帝」上缺十六字，第二行「爵」字，第三行「季」字，第四行「兼」字，第五行「練」字，凡與大字平列者，其上所缺字數皆同。詩詞四字爲句，第一章「厥」字上缺廿二字，第二章「嗚」字上缺廿一字，第三章「涣」字上缺二十字，此所鉤特其下段也。洪氏載碑文有少一字者，止注「缺字」，少二字、三字以上者，乃注「缺若干字」，其全書之例如此。此碑於二行「丕顯」下注「缺五字」，三行「絶長」下注「缺四字」，四行「言道」下注「缺五字」，五行「效官」下注「缺三字」，七行「顧下」下注「缺二字」，九行「新砥」下注「缺二字」，十行「劉父」下無注，十三行「曠事」下注「缺二字」。而於首行「聖明」下，六行「惠抑」下，八行「慇縣」下，十一行「有年」下，十二行「盛德」下，十四行「貧者」下，十五行「明悔」下，十六行「言刋」下，十八行「言協」下，廿行「寔生」下，廿二行「新我」下，皆止注「缺字」，謂此十一行皆止缺一字也。以所注缺字數目合之，此拓首行止當廿七字，二行、三行、七行皆卅一字，四行、五行、六行、八行、九行、十行、十一行、十二行、十三行、十四行、十五行、十六行、十八行、廿行、廿二行皆三十字。碑式横格整齊，毫無參差，不應字數多寡不同如此，此不可解者也。如洪氏意，九行「秖」字下隔二字即是「素」字，而此本「秖」字下第二字是「頑」字，與「素」字必不相連。十二行「盛德」下隔一字即是「刻」字，而此「盛德」下有「惟」字，「盛德惟刻」不成文理。十三行「官無曠事」下隔二字即是「爲」字，而此「曠事」下有「士無逸」三字。十四行「貧者」下隔一字即是「順」字，而此「貧者」下有「不獨」二字。十五行「悔」字下隔一字即是「令」字，而此「悔」字下有「往修」二字。十六行「刋」字下隔一字即是「詩」字，而此「刋」字下有「石佳城」三字。二十行「寔生」下隔一字當是「勛」字，而此「寔生」下隔一字是「仁」字。廿二行「新我」下隔一字當是「通」字，而此「新我」下隔一字是「風」字。此又不可解者也。洪氏所載每行字少者至第廿六字止，多者至廿九字止，惟第十行「劉父」「父」字至第三十格，比別行多出一字，遂不注「缺字」，然較之二行、三行、七行所注「缺字」之數，此第十行實尚少一格，此又不可解者也。翁覃谿先得巴氏雙鉤本，謂多出洪所闕者四字，繼復得此江秋史所鉤本，謂補洪氏所闕者十三字，正其誤者一字，然於每行字數未經細按，於此三不可解者曾不一及，僅於「貧者不獨」下注云：「此間依洪氏所闕，似是十九字。」然「不獨」二字已是洪本所無，則此間所闕尚不止十九字，疑及於此而不求其故，且於它處遂不致疑，此又不可解者也。丙午正月廿一日，余展此鉤本，懸壁翫之，閱洪、翁兩氏之書積此數疑，般桓至夜分不能寢。次日晨起，忽悟曰：「洪氏誤矣，翁氏昧矣，江氏合巴、汪兩本而鉤之，厥功茂矣！」蓋此碑每行實三十九字，洪氏所得拓本已脱下截，乃據殘本爲全幅，而於每行字數由廿七字至卅一字，以意定之，注其缺數。試思六行「抑」字下隔一字即接「禮官」二字，八行「尤愍縣」下隔一字即接「濟濟之儀」，十二行「盛德」下隔一字即接「刻」字，十四行「貧者」下隔一字即接「順」字，十五行「悔」字下隔一字即接「令德」字，二十行「寔生」下隔一字即接

「勛」字，廿二行「新我」下隔一字即接「通」字，皆文義之必不可通者。乃於跋語中復述碑文云：「富者不獨逸樂，貧者得順四時。」妄添一「得」字於「順」字之上，尤可謂强不知以爲知矣。惟定爲每行三十九字，則存者自存，闕者自闕。此本之多於洪氏與洪氏之多於此本，其文義乃無不可通，所謂不求合而自合也。曰：然則何以確見爲三十九字乎？曰：是則以詩詞定之耳。碑文既多四字句，詩詞更無不四字爲句，两句爲韻者，廿行「寔生」下必當隔九字乃接「勛」字，廿二行「新我」下必當隔九字始接「通」字，文義與字數相合，全碑可知矣。曰：以詩詞定之，何以知非四十七字而必爲三十九乎？曰：两京碑自「倉頡廟碑」字小無定數，「孔彪碑」字亦小，每行四十五字，此外所見無過四十字者。此碑格頗闊，除碑額不知尺寸外，此幅以建初尺度之卌九字已將九尺矣，此無可疑也。洪氏所録每行字多者至廿九字止，惟第十行「劉父」「父」字是第三十字，蓋以下文十五行有「劉父」字，遂以意審度得之，必非原拓所有。若原拓有此字，不當前後各行更無拓出第三十字者。廿二行「風」字下作「走之」形者，不審是何字，要決非洪氏所録之「通」字，洪氏所録「通」字，是二十三行之首一字，翁氏乃云：「新我」下尚可見「▽風通」三字。洪有「通」字無「風」字者，於洪氏所録疑不能明，又從而附和之也。翁氏訾顧南原「竗」字作「女」旁，「保」字上半作「合▽」，謂顧氏從寒山摹得之本必是寥寥數字，餘皆據洪婁之書載入。觀此幅「竗」字「立」旁，亦似「女」旁，「保」字上仍是「合▽」，翁據巴氏雙鉤本以議顧氏，得江氏此鉤本，亦足爲顧氏解嘲矣。噫！翁氏考碑目力心思爲至精，顧前後得此碑鉤本，既載其文，復爲之圖，究之茫昧從事，至今始一豁其蒙，使吾得入蘇齋，其爲快幸更何如哉？道光丙午正月廿二日。

跋圉令趙君碑舊拓本

《圉令趙君碑》見於洪氏《隸釋》後，遂無著録者，蓋石已毁矣。道光壬辰春仲，先文安公按試寧波，余隨侍登范氏天一閣，見此碑及《劉熊碑》，單紙宋拓，俱有破損。閣上置長案，不設坐具，書帖不得下樓，無緣假歸審定。奇迹經眼，時入睡夢，忽忽三十年矣。其年冬，在都得蘇齋雙鉤《劉熊碑》於琉璃廠肆，適澧州蔣錦秋觀察收得汪孟慈處宋拓《劉熊碑》及宋拓魯公《祭姪文》，許我到粗旗杆廟寓中手鉤《祭姪文》，肴酒供客甚恭，主人不出門半步，而《劉熊碑》則固靳不與鉤。余以甫得翁鉤本可玩，不復强索。後屢游吴門，頗聞有《趙君碑》，以尤物不敢過問也。咸豐辛酉歸長沙，知易小坪令嗣處有立軸本，浼李季眉借到。小坪得之蔣奇男，奇男者，伯生之子。伯生得之黄小松。道光二、三年間，伯生居濟南西關外之燕園，余與先弟子毅偕周通甫、楊徵和、張渌卿諸君談碑看畫，過從無虚日，顧未見此碑，其時蓋尚未收得也。小松得之張芑堂，芑堂得碑在乾隆丁未，不著所從來，以後梁山舟、錢籜石、翁覃谿、伊墨卿、吴荷屋、梁茝林各有題記，似乎王蘭泉、孫淵如、阮伯元師俱未寓目，芑堂、伯生、小坪以藏帖主人俱不題一字，殊不可解。今立軸炳然，而小松所得之翦裱本不知何往矣。黄荷汀同年官上海，憂歸携一軸來，云：「得之徐紫珊。」看蘇齋題記，乃錢辛楣宫詹舊藏物，而《潛研堂金石跋尾》不録是碑，豈得碑於成書後耶？辛楣至紫珊，中間不知流傳何處，或即由錢至徐耳。小松先得顧云美册，又得芑堂贈軸，又同李鐵橋觀此本於濟寧，最爲有金石緣。余不得藏一本，而所見有三本，與蘇齋同，余多見天一閣本，翁多見云美本耳，惟蘇齋於三本俱有題字，而所著《两京金石記》、《復初齋集》，俱不及此碑，豈亦如宫詹例耶？此軸中題字，如顧澗蘋、練栗人皆昔年相與諏古者，宿草多年，不勝悽惘。余既借到两本，值酷暑不能臨摹，刻碑人歷城陳浩随我至湘，令其雙鉤裝爲巨軸。一時壁間遂有三《趙君碑》，可云奇快。易氏軸先索還，黄荷汀軸許我久看，因分作三詩，以志欣賞。此碑自黄小松小蓬萊閣雙鉤題跋後，又有萬廉山百漢碑研齋縮刻本，又見於吴荷屋丈《筠清館金石録》，其它著録者，余未及見也。辛酉七月十九、二十日，記於長沙化龍池之磻石山房。

跋天發神讖碑拓本

是碑自嘉慶十年燬於火，世間拓本皆成至寶矣。此本雖只少半，然拓手甚精，神采蔚然。其中「從」字上半，「吴䶮」字，「工東」两半字，他本往往失之。「告」字上半亦然，是可珍也。余覛此碑甚勤，遲久未得，郭蘭石先生因以此見贈，良用愛玩。先生所藏全册，拓手與此同，視朱茮堂年丈所藏家義門先生舊本，似猶差勝。道光丁亥冬初記。

跋羅蘇谿藏晋孫夫人碑舊拓本

晋任城太守夫人孫氏碑自乾隆甲寅江秬香始得石於新泰縣新甫山中，黄小松司馬爲之釋文，阮儀徵相國師據以入《山左金石志》者也。余久得拓本，顧未深考。兹於蘇谿前輩齋中得見秬香初拓本及小松手書釋文，并錢竹汀、王述菴、孫淵如、武虚谷、桂未谷、洪稚存、王伯申、伊墨卿、陳曼生、翁覃谿諸老并儀徵師題記，石墨增華，文采斯萃。因細繹釋文，推求拓本，尚有數處誤仞者。如「今我不犯尊而蒙優詔」，乃是「今我乃犯尊而蒙優詔」也。「同歸殊塗，爾其□哉」，原釋皆缺，實止「哉」上一字不可辨也。「有□□意時夫人身□在家止父令留而謂父曰功成而退雖天之道然事君不懟□能□倫聞□□□爲吏部尚書多用老成先帝舊臣舉□不絶必不忘君既而果舉君爲侍中」，此段原釋脱誤字甚多也。「夫人在羊氏沈重有度」，「沈重」二字當補釋。「任城非夫人姑□生」，「姑」字尚存其半。「上感慈□□飛□□下惟詩人刑于之言瞻前□後率由弗違以御于家邦終始以孝聞□□夫人之力也」，此數句原釋亦多脱誤也。「□方不肅」之訓，「方」誤爲「力」，「方」上蓋「義」字也。「□□嘆曰」，其嗣子之嘆詞，「嘆」上非「乃爲」二字也。「令問日新」，「令」字當補也。夫人蓋蚤喪母而孝於父，所生子不育，而嗣子迅爲之銘也。按《魏志》：盧毓爲吏部尚書，使毓自選代，乃舉阮武、孫邕，帝於是用邕。《管寧傳》：侍中孫邕薦寧。孫邕，蓋即夫人之父矣。文帝《典論》：「北海王和平亦好道術，自以當仙，濟南孫邕少事之。」即其人也。《鮑勛傳》：帝屯陳留，太守孫邕見。碑僅言「爲渤海太守」者，略其一耳。《齊王芳紀》注引《魏書》：景王與羣臣共爲奏，内有光禄大夫關内侯臣邕。以《論語集解序》證之，即孫邕也。此不言「關内侯」而言「建德亭侯」，豈後復改封歟？任城王國當稱内史，但内史亦可借稱太守，且據沈約《宋書》，則任城在晋亦常爲郡也。《魏志》：「桓階，字伯緒，長沙人。」此作「伯序」者。階，陛也。序，東西廧也。作「序」者，正字；作「緒」者，假借字。《爾雅》：「序，緒也。」同音同義，得相假借也。桓階爲劉表從事祭酒，表要以妻妹蔡氏，自陳已結昏，拒而不受，因辭疾告退。此得復有少妻伏氏，致文帝令邕取之者，蓋繼室也。洪景伯《跋廣陵屬國侯夫人碑》已有「漢婦人墓銘石刻存者，止此一碑」之語。又《晋武帝紀》：咸寧四年，詔毁天下墓石。故晋石傳者絶少，況婦人碑乎？朱朗齋以「八年」爲「泰始八年」，王伯申以「文母」爲「文德之母」説，皆可據。《新泰縣志》載《任城太守李夫人碑》，「李」字直「孫」字之誤耳。至袁桷謂漢晋以上婦人無立碑之禮，引《齊書》王儉論太子穆妃不須石誌，辨其爲僞。膠柱之見，不足置辨也。倚裝題識，復作詩一章，以志欣賞。

東洲草堂金石跋卷四

跋樂毅論海字不全舊拓本

楮墨精古，有肉有血，晋人風巨如在几席，其中一種樸氣，非後來模刻者所能解也。香光云：「江南宋拓小楷，蓋南唐勒石而北宋氈椎乎？」然此尚是初脱石本，看墨氣可知，不審香光何據而云然也。觀於顧氏賜研堂，因記。

跋汪孟慈藏定武蘭亭舊拓本

今海内藏《定武蘭亭》，余所聞者有三本：一爲吴荷屋中丞丈藏，即榮芑本也，一爲韓珠船侍御藏，一爲汪孟慈農部藏。孟慈本乃尊甫容甫先生所得，前有先生小像，此本筆勢方折樸厚，不爲姿態而蒼堅涵納，實兼南北派書理，最爲精特矣。孟慈守帖，重逾球璧，不可恒諦玩耳。

跋國學蘭亭舊拓本三則

余學書從篆分入手，故於北碑無不習，而南人簡札一派不甚留意。惟於《定武蘭亭》最先見韓珠船侍御藏本，次見吴荷屋中丞師藏本，置案枕間將十日，至爲心醉。近年見許滇生尚書所得游似本，較前两本少瘦而神韻無二，亦令我愛玩不釋。蓋此帖雖南派，而既爲歐摹，即係兼有八分意矩，且玩《曹娥》、《黄庭》，知山陰棐几本與蔡、崔通氣，被後人模仿，漸漸失真，致有昌黎「俗書姿媚」之誚耳。當日并不將原本勒石，尚致平帖家聚訟不休，昧本詳末，舍骨尚姿，此後世書律所以不振也乎？

今日《國學禊帖》拓本僅存一綫，如游絲裊空矣。此尚肥潤乃爾，每一展玩，靜氣盈宇，謂之國學本初拓可也。

《國學蘭亭》其形模意度居然於《定武》爲具體，惟恨其時有横輕直重處，由刻石人不知六朝以前書律，致墮此習氣。是拓紙墨精古，自係明本，覃谿謂是韓敬堂拓本，未免契舟膠柱矣。

我於吴門。

跋宋刻蘭亭拓本

宋刻《褉帖》後有景仁印，蓋即游丞相家刻石也。咸豐戊午正月，門人梁平仲贈

跋褚臨蘭亭拓本三則

《褉帖》傳本大抵以纖婉取風致，學者臨摹遂往往入於飄弱。竊疑右軍當日以鼠鬚寫蠶繭，必不徒以纖婉勝，唐初諸賢臨本亦當似之。故臨此帖者，仍當以凝厚爲主，子昂乃深得此意。

世間《褉帖》石刻無慮數十百本，而其精神氣息，全在學書者自賞於牝牡驪黄之外，無取紛紛聚訟也。是本風致婉弱，雖非精本，於初學誠非無補云爾。

右軍行草書全是章草筆意，其寫《蘭亭》乃其得意筆，尤當深備八分氣度。初唐諸公臨本皆窺此意，故茂逸超邁之神，如出一轍。然欲遽指爲山陰原墨，則誠未見何

本爲可據，以其中總不免有齊隋以後筆致也。近日《禊本》皆纖瘦少精神，獨此覺墨暈間尚有風力，可算佳本。

跋舊拓肥本黄庭經九則

觀此帖横、直、撇、捺皆首尾直下，此古屋漏痕法也。二王雖作草，亦是此意，唐人大家同此根矩，宋人雖大家，不盡守此法矣。乃停雲館刻此帖多紆折取勢，剛柔厚薄，相去蓋遠。停雲以越州石氏爲祖本，我知石氏本必不然也，文氏以己意爲之耳。

神虚體直，骨堅韻深。

前後略有磨泐處將近十行，神味秘遠，尤耐尋思。

覃谿謂《黄庭》原是七言成篇，此語未知所本。「上有黄庭下關元」二語自協，「嘘吸廬外，出入丹田」，此八字如何作七言耶？所云新安吴氏本，恐亦未必是七言。至其以唐賢大楷求《黄庭》遺矩，此真知書人語。又每以《鶴銘》與《黄庭》合觀，最爲得訣矣。因録其語，輒記此。丙午三月十九日。

「下真迹僅可一等」，此在初刻本可爲此語，若是刻雖佳，知是幾葉孫曾？鑒古如香光，必不肯孟浪若此。

今世《黄庭》皆從吴通微寫本出，又復沿模失真，字勢皆屈左伸右，爲斜迤之態，古法遂失。元明書家皆中其弊，苦不自悟者，由不肯看東京、六朝各分楷碑版，致右軍面目亦被掩失久矣。試玩此帖，當有會心處，然從未習分書者，仍難與語此也。

合南北二宋爲書家度盡金鍼，前惟《黄庭》，後惟《化度》，中間則貞白《鶴銘》、智永《千文》耳。

己酉使粤，於南海伍氏遠愛樓，見所藏《黄庭經》，神韻古妙，迥非文本比，豈石氏本耶？要亦非此刻也。此數日内并凡借觀者，若潘氏《北雲麾碑》、《郎官壁記》、伍氏《化度寺》原石，皆海内孤本。雖人事匆匆，不及著意摹玩，而翠墨因緣實度嶺來第一快事也。己酉九月二十九日，三水舟中記。

薛純陀書見於夾漈《金石略》者，贈比干銘分書在衛州，周辦法師碑在京兆府，砥柱銘在孟州，其拓本今皆不可見矣。辛亥立夏日記於鶴鳴軒，雨半月未住。

跋玉版洛神賦十三行拓本五則

意思奇矯，所謂外人那得知者，直亦不欲其遽知耳。後來《鶴銘》實師其意，唐則誠懸，宋則東坡，根矩秘傳，波瀾不二。良工不示人以樸，故亦無道破及此者，然非如此佳刻，亦何從窺其津逮耶？

劉文清跋云：「唐人臨本亦從永興法中來。」唐臨斷不能臻此，謂是唐模可耳。至永興法出智師，而不能盡其渾融變化之妙，於子敬此帖風馬牛也。文清書格到宋人，而短於鑒別，故所見如此。

嘗怪坡公書，體格不到唐人，而氣韻卻到晋人，不解其故。既而思之，由天分超逸，不就繩矩，而於《黄庭》、《禊敘》所見皆至精本，會心所遇，適與腕迎，子敬《洛神》則所心摹手追，得其體勢者，來往焦山，於貞白《鶴銘》必曾坐臥其下，遂成一剛健婀娜百世無二之書勢，爲唐後第一手。余生也晚，若起公於九京，當不以斯言爲謬誤，但恐以漏泄秘藴，被公呵責耳。

斜正信絀，不使一直筆，能臨楮出此意耶？腕際縱横，胸中兀傲，自然造此耳。明賢乃無睹斯境者，爲松雪所縛也。

「鬱鬱窈窈天官宅，諸峰排霄帝不隔。六時謁天開關鑰，我身金華牧羊客。羊眠野草我世間，高真衆靈思我還。石盆之中有甘露，青牛駕我山谷路。」粤東使旋過灊山道中，望灊皖山色，想見涪老游止處，漫録此詩。竊意涪翁書意當出此帖，而平生不甚道及耳。己酉十一月十二日。

跋牛雪樵丈藏宋刻十七帖

南唐李後主取賀知章臨寫《十七帖》入石，爲澄心堂本。是刻沉雄古逸，於草法中具有八分體勢，唐賢詣此者頗希，遽定爲澄心堂刻，猶屬臆斷，余未敢附和也。竊意此帖即陸儼山所謂「關中不全本」，黄伯思所稱「書中龍」者也。余昔在姑蘇得一本，與此無二，後乃見此本，因索值頗昂，又感於文文肅所云「離之雙美」者，遂割愛置之。别來十年，時復在念，不意爲雪樵制府丈所收，許其假歸，两本并在案頭，從容互觀十餘日之久也。

跋宋刻十七帖二則

余得是册，賞其神駿，未暇考其爲何本也。次日見文文肅所藏本，鑒跋珍妙，諦視之，乃與此無絲豪異。知目光能照，不殊今古已。甲午冬日記。

細觀此帖及《定武蘭亭》，知山陰實兼南北派書法之全。閣帖簡札多流利便易，由檢擇不盡精，真贋相半耳。

跋魏張黑女墓誌拓本六則

顧氏《日知録》：「漢人之文有即朔之日而必重書『一日』者。廣漢太守沈子琚《緜竹江堰碑》云：『熹平五年五月辛酉朔一日辛酉。』《綏民校尉熊君碑》云：『建安二十一年十月丙寅朔一日丙寅。』」此誌書朔書日，亦其例。

余自得此帖後，旋觀海於登州，既而旋楚，次年丙戌入都，丁亥游汴，復入都旋楚，戊子冬復入都，往返二萬餘里，是本無日不在篋中也。船窗行店，寂坐欣賞，所獲多矣。丁亥夏在汴中，得宋裝薛少保書《信行禪師碑》，亦從來談古刻者所未見，遂傑然與此稱二奇焉。

包慎翁之寫北碑，蓋先於我二十年，功力既深，書名甚重於江南，從學者相矜以「包派」。余以「横平豎直」四字繩之，知其於北碑未爲得髓也。記問浩博，口如懸河，酒後高睨大譚，令人神王，今不可復得矣。

慎翁跋中所稱《英義夫人墓志》及《仙女祠祝版文》，慎翁果曾見耶？近年北碑出世者多，未聞此两種也。

余既性耆北碑，故摹仿甚勤，而購藏亦富。化篆分入楷，遂爾無種不妙，無妙不臻，然遒厚精古，未有可比肩《黑女》者。每一臨寫，必迴腕高懸，通身力到，方能成字，約不及半，汗浹衣襦矣。因思古人作字未必如此費力，直是腕力筆鋒，天生自然。我從一二千年後策駑駘以躡騏驥，雖十駕爲徒勞耳，然不能自已矣。丁巳初冬。

自乙酉春得此帖於歷下，今三十有四年，不知「成榑」爲何人也。忽檢得《山左詩鈔·方外卷》有「釋成槫，字奚林，諸城人，詩有《臥象山分賦三絶句》」。始知其爲詩僧，而《詩鈔》誤「槫」爲「槫」也。又前載：「成楚，字荆庵，新城人。」止載其一詩，即《贈奚林大師》，云：「派衍南宗第一枝，無言得髓是吾師。偶然豎拂天花落，絶勝秋寮宴坐時。」《池北偶談》亦載此詩，「南宗」作「靈山」，「秋寮」作「空生」。荆庵推重奚林如此，則奚林當在荆庵之前，《詩鈔》編次誤也。《池北偶談》謂荆庵居靈巖，頗能小詩，選其《落花》、《秋日》等句。然則奚林蓋亦靈巖長老矣。王六真《跋》謂：「師故工隸。」則奚林能詩又能隸書，其能寶是帖也固宜。余於丙辰秋游靈巖山，訪《李北海碑》，遍問寺僧，無知者。後問朱時齋，乃得碑於魯般洞。回計奚林與兩王生耽詩道古，摩挲石墨，時將二百年矣，因題三絶句以志快。

題楊龍石藏瘞鶴銘水拓舊本二則

龍石老兄寄示《鶴銘》有「華陽真逸」四字及「不知其紀也」五不全字。此尚在張力臣作圖之前，乃水拓中之至古者。有松齋印三處，知爲汪退谷藏本，題籤「瘞鶴銘」三字即退谷書，後有義門朱書小字引證《鶴銘》，益見當日傳賞、摩挲一段妙緣也。嗣歸毛氏意香，今乃爲龍兄所得。不遠數千里，從令弟漱芸孝廉處寄我索跋。余於此銘曾三次手拓，最先爲道光壬辰冬仲，冒雪打碑，致爲得意，旋晤龍兄，見示水拓片幅，歎爲希有。嗣後得見王夢樓、宋芝山、翁覃谿各藏本，大約俱相頡頏。此本出，則前所見者皆其後矣，鳳芝龍尤信爲瑰珍。龍兄所獲佳拓往往寄贈，今於此帖亦似有息壤在彼之意。展卷懷人，神思飛越，雖相望二千里，不啻一室、一几、一壺、一鐙掀髯討論也。

覃谿詩云：「曾見黄庭肥拓本，憬然大字勒厓初」。此語真知《鶴銘》，亦真知《黄庭》者，龍兄謂何如？

題李仲雲藏瘞鶴銘舊拓全幅

自來書律，意合篆分，派兼南北，未有如貞白此書者。顧水落石出，寒舟仰臥，拓本既不可得，即此全幅本，但使氈蠟如法，亦尚可觀也。余來往江南北，每至焦山，必手拓此銘。又曾蓄水拓二本及乾隆初年本，爲覃谿所題藏者。案頭巾册，壁間石障，無日不在心目也。今夏過松寥，尋至原摩厓處，見米、陸題名及南宫模刻石，卻未及手拓，爲悵然也。冬至長沙仲雲觀心齋中覩此江風海雨，龍蛇動壁，又值大雪，千里一白，助其奇致，是宜題記，椙柮媚研，酒盌浴筆。庚戌。

跋智永千文拓本

此百年内拓本耳，而神采瀲露，可愛如此，故知氈蠟間貴得妙手也。今春過吴門李也卿家，見其藏本，「敬」字尚無末筆，是真宋人初拓本，附志於此。癸巳夏五月。

跋牛雪樵丈藏智永千文宋拓本

顔魯國與素師論書，謂「折釵股何如屋漏痕」。屋漏痕者，言其無起止之痕也。顧唐賢諸家於使轉縱横處皆筋骨露現，若智師《千文》，筆筆從空中落，從空中住，雖屋漏痕猶不足以喻之。二王楷書俱帶八分體勢，此視之覺漸遠於古。永興得筆於智師，乃於疏密衺正處著意作恣態，雖開後來無數法門，未免在鐵門限外矣。先文安公四十歲時，得此帖宋拓本，遂專習之，垂二十年，晚年筆法乃少變。今雪樵丈人得此本，紙墨氣韻殆如驂之靳。丈人與先公交契至深，蒙委題記。回思子舍受書，寒鐙侍研，光景不可再得。鑿楹之藏，遺帖無恙，披展對觀，愴悒何能以已。時道光壬寅冬十有二月。

跋崇雨舲藏智永千文舊拓本

右軍書派自大令已失真傳，南朝宗法右軍者，簡櫝狎書耳。至於楷法精詳，筆筆正鋒，亭亭孤秀，於山陰棐几直造單微，惟有智師而已。永興書出智師，而側筆取妍，遂開宋、元以後習氣，實書道一大關鍵，深可慨嘆。薛嗣昌刻石，計當在爲梓州陜西轉運副使時，故止見長安崔氏本，且云「置之漕司南廳」，然所云「八百本施於江東諸寺」者，何以南方絶無聞見？孫退谷云：「今尚有墨迹存世。」恐亦傳聞之詞，未曾目覩確知也。翁覃谿以歐陽不見全本，趙氏不入著録，徑臆斷以爲宋初書迹，薛氏不當遽以入石。且謂薛氏能品鑒《定武蘭亭》，非不知古書者，亦誤信而鐫勒之。又謂顧亭林精考金石，亦收入此帖，并疵退谷推重薛氏之功爲謬。薛氏父子固皆以翰墨名，即顧、孫二子之精核，亦豈翁氏所能企，特以生平祖述《廟堂》，醉心趙、董，習爲欹側，故於此帖之横平豎直有意貶之耳。先文安公藏宋拓本，臨仿有年，每以「横平豎直」四字訓兒等。余肄書汎濫六朝，仰承庭誥，惟以此四字爲律令。於智師《千文》持此見久矣，未敢宣諸楮墨也。雨舲中丞工書耽古，出示一本，雖非宋拓，然神采腴潤飛動，自是數百年物。假歸與家藏本對看，無端觸發，一洩鄙私，質之雨翁，以爲何如也？

東洲草堂金石跋卷五

跋張星伯藏皇甫君碑宋拓本

凡後來拓本漫漶之字，此獨瘦現有精神，其綫斷之隙亦甚細，余以臆斷之，當爲宋拓，不獨在亭圯壓損之前也。惟字畫完好者，轉被裝池家用棕刷過重，致紙性肥溢，於原拓時血肉相合之妙少有所失，然神光古韻，明眼人自能辨之，非可以目皮相也。余於信本書曾習《房彦謙碑》八分。昔在姑蘇見宋拓本，此帖幾得之，而卒爲林少穆丈所獲。後在京師得一本，甚古澤，或嫌其墨氣過濃，余輒不答。今復見此本，明知裝池處不免受傷，而愛玩之不忍釋手。誠知神物難遘，不暇疵瑕，此未易一二爲俗人言也。星伯同年珍秘此帖，所見殆與余同，因爲記此。道光壬寅冬初。

跋汪鑑齋藏虞恭公温公碑舊拓本

書家有南北两派，如説經有西、東京，論學有洛、蜀黨，談禪有南、北宗，非可强合也。右軍南派之宗，然而《曹娥》、《黄庭》則力足以兼北派，但絶無碑版巨迹，抑亦望中原而卻步耳。唐初四家，永興專祖山陰，褚、薛純乎北派，歐陽信本從分書入手，以北派而兼南派，乃一代之右軍也。《醴泉》宏整而近闊落，《化度》遒緊而近攲側，《皇甫》肅穆而近窘迫，惟《虞恭公碑》和介相兼，形神俱足，當爲現存歐書第一。前輩推重《化度》，乃以少見珍耳，非通論也。余於咸豐乙卯冬至昭陵，細觀此碑，其下截半字殘畫尚多，而拓者皆遺之，但取完字，故相傳古拓無有過八百字者。此拓精膩有韻，金和玉節，折矩周規，令人使盡氣力，無從仿佛。昔朱朵山殿撰藏本劇佳，此尚當過之也。鑑齋同年出示於一松一石之廬，因爲題記，以志眼福。時戊午初春。

跋祁叔和藏宋翻宋拓化度寺碑二則

化度寺碑原石古拓惟南海伍氏所收藏，爲海内孤本。余初見於京師，再見於使粤時行館，蘇齋遂我眼福也。范氏賜書樓覆刻本，雖亦偶遇之，似此古拓，亦自可珍重，宜蘇齋銘跋津津有味也，叔和兄其寶之。咸豐丁巳九月初五日。

《醴泉銘》以疏抗勝，《邕師銘》以遒肅勝，得此古拓觀之，可以闚見吾鄉率更真實力量，不依傍山陰棐几處。叔和兄方勤習篆分，八法源流當已洞徹，頗以斯語爲然否？ 九月十二日又跋。

跋道因碑舊拓本

有唐一代書家林立，然意兼篆分、涵抱萬有，則前惟渤海，後惟魯國，非虞、褚諸公所能頡頏也。此論非深於篆分真草源流本末者，固不能信。都尉此書，逼真家法，握拳透掌，模之有棱，其險勁横軼處，往往突過乃翁，所謂智過其師，乃堪傳授也。欲學渤海，必當從此帖問津。若初學執筆，便模仿《化度》、《醴泉》，譬之不挂颿而涉海耳。世人作書，動輒云「去火氣」，吾謂其本無火氣，何必言去？能習此種帖，得其握拳透掌之勢，庶乎有真火氣出，久之如洪鑪冶物，氣燄照空，乃云「去」乎。庸腕拙茶，如病在陽衰，急須參、耆、桂、附以補其元陽，庶氣足生血。今顧日以滋陰爲事，究之氣不長，而血亦未嘗生也。書道貴有氣有血，否則氣餘於血，尚不至不成丈夫耳。此舊拓本在今日已爲難得，寒夜展視，聊發臆論。時庭前聚雪爲山，有萬笏干霄之勢。丁酉冬臘八日漫記，是日甚寒，字字欲凍。

跋張星伯藏道因碑宋拓本

余自辛卯年得《道因》舊拓本於吴門，有商邱宋氏諸印及王夢樓跋，至爲珍重。去年乙巳，沈朗亭少司成得一本，拓法、裝池與余本如一，以爲異矣。今星伯京兆見示此本，拓法、裝池與前二本同。三本蓋一時拓，一手裝，而我同年三人先後得之，可云古墨中奇緣韻事，不知尚有第四、五本否也？二十年前，見《房彦謙碑》分書，筆勢與《道因》楷法相同，疑即都尉所書，而誤傳爲率更者，彼時尚未見碑陰有率更銜名書款也。然鄙意以爲率更分書横逸峭勁，非韓、蔡所能到，以其法爲真行，殊無庸借徑山陰，乃所傳《虞恭公》、《化度》諸碑，俱不能出山陰遺巨。由太宗重二王，尤秘《蘭亭》繭紙，至令諸臣模寫，渤海特出之姿，亦不能不歸其軌則。善奴幼孤克承家法，乃能以率更分書意度力量并其形貌，運入真書，桀卓自立，以傳於後，豈非墨林中一巨孝哉！　道光丙午閏五月三日。

跋道因碑拓本

是帖拓不甚舊，而裝飾精緻，珍如古物。每想宋時拓帖，至今日皆寶儕彝鼎，而汴、杭書律不復有唐賢規矩，東坡、山谷亦自用其才，不尊軌轍。當時氈蠟皆宋拓也，視如塵土，此事遂淵源欲絶。若得知珍重如是本者，何至宋、元來楷法竟不可問津乎？　余學書四十餘年，溯源篆分，楷法則由北朝求篆分入真楷之緒，知唐人八法以出篆分者爲正軌，守山陰棐几者，止能作小字，不能爲大字。率更模《蘭亭》，特因上命，以己意仿前式，手眼中謂有右軍，吾不信也。蘭臺善承家法，又沉浸隸古，厚勁堅凝，遂成本家極筆。後來惟魯公、北海各能出奇，可與是鼎足，而有唐書勢於是盡矣。大孫能習是帖。余舊得宋拓有夢樓跋者，後復得一本勝此，最後得此本，亦勝近拓，而裝贉之佳如此，珍之珍之！壬戌孟冬下浣薄醉題。

跋周允臣藏關中城武廟堂碑拓本

覃谿論書，以永興接山陰正傳，此説非也。永興書欹側取勢，宋以後楷法之失，實作俑於永興。試以智師《千文》與《廟堂碑》對看，格局筆法，一端嚴、一逋雋，消息所判，明眼人自當辨之。因其氣味不惡，又爲文皇當日所特賞，遂得名重後世。若論正法眼藏，豈惟不能并軌歐、顔，即褚、薛亦尚勝之。余雖久持此論，而自覃谿、春湖两先生表彰《廟堂》，致學者翕然從之，皆成榮咨道之癖，余不能奪也。允臣世兄酷嗜余書，一日得《廟堂》古拓，欣然持示，且云：「近日欲方肆力習之。」其帖果佳，然翁、李之説，余不敢附會也。適允臣屬書小卷，輒走筆吐所言，并占小詩奉粲，幸秘之勿令他人見也。

跋景龍觀鐘銘拓本

睿宗書此銘，奇偉非常，運分書意於楷法，尤爲唐迹中難得之品，間有失於弱宂處，則由泥範未精，冶銅入之，不無走失也。余適覛此未得，小山張丈有此本，脱手見贈，亦妙緣也。道光丁亥仲夏，記於大梁之世貞堂。

跋麓山寺碑并碑陰舊拓本三則

是碑題額曰「麓山寺碑」，碑文云「麓山寺」者，知俗稱嶽麓寺者，誤也。《水經注》及少陵詩皆稱「麓山」，不云「嶽麓」，以其多林麓而名。麓山猶谷山，以多巖谷得名，故麓山與谷山相連，如云是南嶽之麓，則衡山至此三百里，不必仍係嶽爲名也。玉水布飛，石林雲起，乃麓山真景。水石之奇，不必是《水經注》「湘水逕錫口戍北，又西北流，屈而東北，注玉水也」。

北海書發源北朝，復以其干將、莫邪之氣，決盪而出，與歐、虞規巨山陰者殊派，而奄有徐會稽、張司直之勝。顧世間石刻日少，「李秀」僅存六礎，原石拓在南海潘氏者，蚤成孤本。《靈巖寺碑》自阮文達師纂《山左金石志》時，已云僅存趙晋齋家藏拓本矣。近日吾兒慶涵忽得一本，與趙藏無二，然亦止此兩本耳。《東林寺》、《葉有道》久無原石，《娑羅樹》亦重鐫本，《端州石室記》、《少林寺戒壇銘》則本非真迹。其烜赫世間者，止陜《雲麾》與《麓山寺》而已。《雲麾》頗嫌多輕侻處，惟此碑沉著勁栗，不以跌宕掩其樸氣，最爲可貴。碑陰字肅穆靜實，與《李秀碑》近，當日書意兼有此两路，而是碑乃兼具之也。

李秘監書麓山寺碑今在嶽麓書院門外之右。昔人作亭嵌碑之後，止有碑面可拓，其碑陰及两側俱在壁中，不可復拓，故乾嘉諸老爲石墨之學者，於是碑罕及其陰。述庵司寇《萃編》所録，僅據武虚谷授堂跋語輯入，亦未親覩拓本也。余於庚子秋舟泊濟寧，曾於郭氏購得黄小松所藏宋拓《麓山碑》并陰，有小松及覃谿、瘦銅諸題記，甚精。隔宿乃爲中途人奪去，意甚悔惜。兒慶涵復再訪之於濟寧，已無可踪迹。老友許印林忽以此拓見賜吾兒，兒因并所藏舊拓碑面本合裝成册，請加乙記。余適初返都寓，因積受暑雨，患足蹇未得出。古墨照人，眼明腕活，檢授堂跋，先摩挲碑陰，字多虚谷所未見者，回憶小松珍本亦不過如此，而此碑面古拓，則又視小松遠勝也。壬子七月廿二日。

跋吴平齋藏麓山寺碑宋拓本

但是宋拓便有靜氣，不似新拓本之劍拔弩張也。去秋在長沙，方與楊海琴、丁果臣、羅硯孫諸君商量精拓，并拆壁出碑陰，阻雨不果，待今年返湘或遂此願耶？同治乙丑春暮記。

跋李北海端州石室記拓本

同治癸亥初夏，余游七星巖，此碑正在水中，無從手拓。石刻有波衝雨溜，偶得拓出，風韻必勝，如焦山《鶴銘》至今以水拓爲珍秘也。開張雄厚，非北海不辦，何前人論訂之紛紛乎？一手數碑，雖神理各殊，而根矩無二，自古書家皆然，獨於此而疑之，特好爲新論耳。乙丑春仲養閒草堂記。

跋李北海盧正道碑舊拓本

如此小字而豪縱之氣不可掩，可知《戒壇銘》之僞。

跋重刻李北海書法華寺碑

北海書石刻，惟《大照禪師碑》余未及見。所見者，若《戒壇銘》、《葉國重碑》、《娑羅樹碑》、《東林寺碑》皆翻本，無足觀。至《李思訓碑》、《任令則碑》之盪軼，《端州石室記》之敦樸，《麓山寺碑》之遒勁，《李秀碑》之肅穆，《盧正道碑》之精麗，《靈巖寺碑》之靜逸，「龍興寺額」四大字之雄厚，既各造其妙。而純任天機，渾脱充沛，則以《法華寺碑》爲最勝。去春在吴門，韓履卿丈崇以此宋拓本見詒，携至濟南，手自鉤摹，令老僕陳芝勒石，雖於神理未能微肖，然規模粗具矣。按《高僧傳》十三卷：

釋曇翼，餘杭人，初出家，止廬山寺，依慧遠修學。晚適關中，復師羅什，經律數論并皆參涉，又誦《法華》一部，以晋義熙十三年，與同志曇學沙門，俱游會稽，至秦望山西北，見五岫駢峰有耆闍之狀，乃結草成庵，稱曰「法華精舍」。太守孟顗、富春人陳載，并傾心挹德，贊助成功。翼疏食澗飲三十餘年，以宋元嘉二十七年卒，春秋七十。立碑山寺，旌其遺德，會稽孔逭製文。孔逭文不可復見，此文敘述建寺之由，正與《傳》合，不知北海當日尚及見孔製碑文否？下文「持證等觀永藏同流」及「陳州邑吏隨國檀施」等云云，則敘此寺之續修也。「施及先律師道岸、今弟子釋儼及豪州刺史王公夫人武氏」以下，則敘起普賢臺，立法華社，因而立碑之近事也。孟顗、王弼、袁楚客新、舊《書》皆無《傳》，未及考核。北海書爲東坡、南宫、子昂所自出，故宋後此碑翻本疊出，即余所見已有三本。無論筆勢全非，即文字亦多臆改。如「秦望山」上添「大唐」二字，與後題唐開元某年複出。「并序」二字誤居中，不旁寫。「括州」或誤作「梧州」。「慧舉十徵」誤作「十徵」。「慧基」避元宗名，缺筆作「𡚒」，或誤不缺。「陳州邑吏隨國檀施」誤作「陳隨國施州邑吏檀」。「傴僂萎花」或作「優曇異花」。

「有耿投竿」或作「有取扳竿」。「像光發瑞」下接「松巘蕭疏」六句，誤接「臺壓龍首」六句。「刻石人東海伏靈芝」或作「東海伏靈芝刻石」。由所據本有漫漶、脱落、顛倒處，遂以意爲之耳。末題「開元二十三年十二月八日建」，或作「十三年二月廿八日」，或作「十一年」，則疵謬之最甚者。《新書·本傳》：邕以開元二十三年起爲括州刺史。此碑正以是年書，故趙明誠《金石録》、王象之《輿地碑目》俱作「二十三年」，此足證翻本「十一年」、「十三年」之謬。而「戒壇銘」以開元三年建，「葉有道碑」以開元五年立，皆題「括州刺史」者，後人僞作也。「鄂州刺史盧府君碑」以天寶元年壬午二月丁丑朔八日甲申立，尚題「括州刺史」，上距開元二十三年乙亥在括州者八年。「靈巖寺碑」亦題「天寶元年」，某月字泐，尚存「壬寅朔十五日景辰」字，則是十一月所立。銜題「靈昌郡太守」者，《元宗本紀》：是年改州爲郡，刺史爲太守，靈昌郡太守即滑州刺史也。邕是年蓋由括州遷滑州，中間尚有淄州一階無以定其何時，乃《舊書》謂邕由欽州遵化尉累轉括、淄、滑三州刺史，天寶初爲汲郡北海太守。《新書》謂開元二十三年起爲括州刺史，後歷淄、滑二州刺史，上計京師，出爲汲郡北海太守。天寶初李林甫忌邕，因傅以罪，於其官階年歲皆未翔實。此拓足證諸碑之誤，兼糾二史之訛矣。近日王氏《金石萃編》未經收録，阮氏《两浙金石志》、孫氏《訪碑録》、杜氏《越中金石志》，皆據翻本入録，未見原石拓也。杜《志》云：「法華寺今爲天衣寺，唐大中間所改。碑高八尺六寸，廣四尺，二十三行，行五十四字，字徑一寸八分。」此就翻刻本度之耳，今度原石本六字，可容翻本七字，則重刻縮小可知，并其行數亦未足爲據。古人作事令世驚，北海所書各碑皆巨偉殊常，肖其字勢也。杜《志》又引周錫珪跋云：「碑重立，殊陋惡。予見舊搨凡三種：上海潘氏本秀而整，貴陽馬氏本肥而華，家伯紀本近於馬，而用筆稍縱，不知誰爲真者。寺廢於會昌，彼時再建而再刻碑文，明初燬於火，至陶文簡復建寺。後於長安街得一本，因以傅刻。」又引萬曆《紹興府志》云：「寺後十峰堂前，唐李邕斷碑石尚存。」按周氏所見三本，云「不知誰爲真」，大約皆翻本。十峰堂前斷碑刻，或是原來妙斲耶？北海書於唐初諸家外，自樹一幟，與魯公同時并驅，所撰書多方外之文，以剛烈不獲令終，大略俱與魯公同。余平生於顔書手鈎《忠義堂》全部，又收藏宋拓本《祭伯文》、《祭姪文》、

《大字麻姑壇記》、《李元靖碑》。於李書則見《北雲麾》原石全拓於番禺潘氏，收宋拓《麓山寺碑》於杭州，近日蒐得《靈巖寺碑》上下兩段於長清靈巖山魯般洞，見古拓精本《盧府君碑》於崇雨舲中丞處，今復得此宋拓《法華寺碑》，墨緣重疊，可云厚幸。竊謂兩公書律，皆根矩篆分，淵源河北，絶不依傍山陰。余習書四十年，堅持此志，於两公有微尚焉。苦臂腕孱弱，復多耆少專，瞻望前哲，徒增嘆媿耳。咸豐己未正月壬申朔十九日庚寅，跋於濼源書院。

跋摹刻李北海李思訓碑拓本

神采如許，焉得以木版翻刻棄置之。咸豐己未秋，得於濟南，時方翻刻李書《法華寺碑》，不審能及此否也。

跋陸次山藏實際寺碑舊拓本

意度大近懷仁集《聖教》，而更有古氣，以兼有北朝遺巨也。

跋大字麻姑山仙壇記宋拓本二則

顔書各碑，意象種種不同，此碑獨以樸勝，正是變化狡獪之極耳。惜公書原刻傳至今日者不逾十石，未足盡窺其轉形易勢之妙也。

此碑蓋刻於木壁，故筆畫不免有失真處，然必係從寫本雙鉤入木，以其不失真處與石刻無異也。木質難久，自小字本宋刻流傳，此大字本世漸罕覯矣。余於壬辰冬得此本於吴門，錦褾珍裹，印記爛然，知爲陸謹庭家故物，後因酒後出帖示客，忘卻收檢，夜間失褾，幸帖無恙，嗣後懲羹吹齏，雖有借閱者，亦不出屋矣。

跋小字麻姑山仙壇記舊拓本八則

此本雖石已斷後拓，而神明完厚，較宋刻猶當有玉珉之别，真可寶也。大字本余所夙聞而從未得見，且罕有人道者，曾見一本，則翻刻無足觀。今冬過吴門，獲一本，信爲神物。其中「廿」字避文皇諱，又各疊字俱再書，不作「＝」，是其與小字本異者。

又《忠義堂帖》刻是記字徑半寸許，大字者徑寸半。魯公是記，蓋屢書之，皆極得意筆也。道光壬辰冬杪。

近日摹本不足道，即外間傳賞佳拓亦宋刻本耳。余昔得唐刻而寶之，今此唐刻而又舊拓，精采尤異。道光乙未上元節得於廠肆，狂喜記之。

《太平寰宇記》：臨川縣花姑，姓黄氏，在井山遇狂象爲毒箭所中，花姑拔去之，後常銜蓮藕來置花姑所。

近見宋拓越州石氏本，爲停雲館所自出，猶遠遜此本也。丁酉記。

宋人所稱《麻姑壇記》皆指大字本，此本則特稱小字以别之。今人但知有小字本耳，由宋、明人俱刻入《晉唐小楷帖》中，而大字本宋代盛行，氈椎破碎，遂致失傳也。又有一本字如指大者，僅見《忠義堂帖》中，未覩單行本，其失傳更在大字本之前矣。觀《集古録》、《金石録》、《墨池編》及宋以後諸家帖目，顔迹之有目無書者，至不可枚數，當時習書人眼福之富，宜腕底迥異後人也。今僅得十一於千百耳，可嘆可嘆！雖然，再數百千年得無有羡我今日者乎？時戊戌五日。

江西唐石最著者，惟魯公《麻姑壇記》及李北海、柳誠懸《東林寺碑》。李碑原石久已無傳，宋模本豪無精采。柳碑惟余家有殘拓本，近年修寺橋，忽得片石，餘五十餘字，今仍剥落矣。大小《麻姑壇記》，余弟兄每見即收，每於友于閑靜時，出多本互相評賞，并它帖古拓縱横滿几，色香無際，以爲至樂。今踽踽蜀游，每一展所携各帖畫，不勝憶弟看雲之感，況老毅已久作古人耶？咸豐癸丑八月晦日晨起記於西陽試院。

小字《麻姑壇記》，余所見原石墨拓，數十年來殆近十番，要以此本爲第一無上妙品。山谷老人所覩本，殆未必過之也。自文摹本出，扁鋒取態，作俑者乃越州石氏耳。

古人刻石，先神氣而後形模，往往形模不免失真，神采生動殊勝。後人刻石，專取形模，不求神氣，書家嫡乳殆將失傳。描頭畫角，泥塐木雕，書律不振皆刻石者誤之也。雖出此等佳帖示之，真解人不易索矣。酒後漫記於濟南旅寓。

跋晏雲唐大字麻姑山仙壇記雙鉤本

宋人碑版著録，皆先列建昌軍《麻姑仙壇記》，又列小字《麻姑仙壇記》，自大字石刻失傳，拓本遂爲希世珍，以王虚舟甄録之富，僅亦從友人處得一見以爲幸，近日遂無有譚及者矣。余及得一宋拓，結構神明，實遠勝小字本，始悟山谷謂小字爲宋初一僧所書，語非無因。「世」字缺中筆，重疊字皆两寫不作「〻」，則以小字爲縮本者非也。晏雲唐兄假余藏本以油素手自雙鉤，極爲精到。竊謂與余所鉤《忠義堂顔帖》爲異曲同工，若即以鐫石流傳，尤爲妙事。噫！魯公是碑恐遂成孤本，貞珉模勒，果可緩乎哉！道光癸巳春仲，識於杭州定香亭。

跋黄瀛石大字麻姑山仙壇記摹刻本

魯公書《麻姑仙壇記》，世僅傳小字本耳，其大字本自宋以後不見於金石著録。《金薤琳瑯》稱爲雷所破，宜乎拓本希寂，不僅珍如星鳳也。余昔得此宋拓本於姑蘇，蓋即漁洋、虚舟所見之本，歷刧流轉，神光炳峙，璞逸厚遠，實爲顏書各碑之冠。黄雨生工部兄一見此帖，詫爲瑰寶，余固秘不欲假借出門，雨生遂令仲郎瀛石鉤模上石。瀛石年少善書，於魯公有微尚，所志與余同，顧余刻《忠義堂顏帖》，因循未就。欣喜黄氏父子刻此帖，數月訖工，從此傳拓萬本，信所謂纂懿流光，若斯之盛者矣。記之。道光廿有二年仲秋。

跋吴平齋藏争坐位帖宋拓本

折釵股，屋漏痕，特形容之辭，機到神來，往往有之，非必謂如是乃貴也。有意爲之，必成頓滯。至習顏書者，尤先習其莊楷，若驟摹是帖，即墮入惡道矣。顏楷帖多於顏行，所以競習《坐位》者，不過期速化耳。凡事畏難，不如其已。同治乙丑仲春望後二日，雪雨作寒，鐙下呵凍題於吴門抱罍室。

跋魏氏重刻争坐位帖

近日徐青圃中丞重刻魯公《坐位帖》，矜爲神肖，實散漫無精采。其所出之本，余未之見，恐已非真宋拓也。姑蘇書客倪朗峰，數千里外以此見寄，云是魏刻本，雖未能頡頏陝中原石，然必自宋楮出者，在今日誠不爲奇，二百年後，當爲珍秘矣。今晨過李小芸處，見六礎《雲麾碑》全文重刻本。據覃谿諸老題記，是從唐拓本模勒者，較法源寺所模全文《雲麾》，神理爲勝，實是共一本脱胎者。但鉤勒異腕，遂相徑庭，足見重刻古帖未可率爾從事也。附識於此。道光丙申嘉平廿二日。

跋胡扶山藏魯公帖

此帖中《祭伯文》、《祭姪文》、《争坐位》三稿，皆棗木覆刻本，而魄力氣韻殆下真迹一等。古人刻木，且倍勝於後來之刻石，況貞珉妙斲乎？清遠道士詩及繼作，蓋是贋鼎，忠義堂亦收之，理不可解。帖爲孫退谷硯山齋故物，流轉至扶山同年處。余於丁巳杪春，由歷下至都，距扶山寓廬僅數十武，一握手外，即縱談古今書勢，互證兩人別後八法進境，因手此帖屬題。余携置案頭，未及加墨，扶山忽以無疾終。余不覺哭失聲，幸乃郎義質、義贊皆能讀楹書、守庭詰，此帖當爲光山胡氏子子孫孫永寶矣。

跋魯公帖六種合裝本

《明遠帖》、《鄒游帖》、《盧八倉公帖》、《乍奉辭帖》、《送劉太沖敘》，此五種舊得於琉璃廠肆。《祭姪文》元和韓履卿丈所贈，末有「請姪於廟庭如祭痛哉」九字，爲它刻所無。携至濟南，合裝一册。戊午秋日。

跋張從申書李元靖碑舊拓本二則

有唐中葉書家，以沈舍人、張司直爲得山陰法乳，但沈以瀟遠勝，張以遒肅勝，爲不同耳。沈書僅傳《羅池廟碑》，原石久佚。張書有《延陵季子碑記》、《福興寺碑》及《李元靖碑》三迹，中以《元靖》爲尤卓卓。魯公書烜赫照世，而《元靖》两碑千載下猶顔、張并峙，其品次可知矣。余昔得一宋拓，與此本相伯仲。此本缺李監篆額，履卿韓丈既得之，遂從余藏本鉤去李監篆刻石拓，裝於帖首，其耆古之癖如此。世少真識，狃所習聞，於舍人、司直或不能舉其名。君子表微，書律猶其小也。華光室中又藏有李北海《法華寺碑》原本，知余愛之，慨然見詒，且諄諄以重付貞珉、公諸海内爲屬，其用心之遠，豈等於敝帚自珍、梁間扃鐍者乎？因并記之。咸豐戊午春正月廿九日記於滄浪亭之可園。

顔書《元靖先生碑》於勁偉中出緩綽，心儀楊、許之風，不覺流露腕下也。司直更作意爲疏散，而古意愈足。書名爲魯公所掩，拓本尤希奇可貴。亂後兩石俱渺無蹤影矣。此本履卿丈舊物，今歸平齋，重與題記，而履翁不可作矣。同治乙丑仲春。

跋梅藴生藏唐誌石拓本

碑誌之文裨補史學，考古者往往舍史而從碑，以石墨皆當時人紀當時事，非同史家由後人秉筆，又簡册流傳，易滋脱誤也。然碑誌中又或有錯迕矛盾，必不可從者，則由諛墓者率爾失真，無足爲怪。如此田君兩誌，其《府君誌》云「高祖宏」，《夫人合祔誌》云「曾祖宏」；《府君誌》云「父仁俊爲朔州刺史」，《夫人誌》云「祥州刺史」；《府君誌》云「春秋五十有一」，《夫人誌》云「享年五十」；《府君誌》敘官至試殿中監兼泗州長史上柱國北平縣開國伯，《夫人誌》則云拜泗州長史試殿中監，又歷諸府幕，權總職司，而於「上柱國開國伯」爵號之尊反不敘及。此其差池舛誤，無容深辨。蘊生據工部尚書潁川陳公之文，以《唐書·陳少游傳》有禮部、兵部尚書，無工部尚書，謂不及此誌爲可據。雋義自珍，難免阿祖已。余特愛其敘銘簡雅，其《府君誌》書意近南朝，《夫人誌》書意近北朝，既各有神趣。《府君誌》「壺」作「壷」，「達」作「逹」，「長」作「镸」，「年」作「秊」，「第」作「弟」，雅合六書，爲唐石中所少，尤可珍異也。蘊生得石，既爲釋略，又作詩以張之。詩有云：「金石文章富且壽，都忘貧病無家室。」蓋先得天寶鏡，後得此石也。余讀《嵇庵詩》，幽憂慘惻，令人不能卒讀。獨此篇暢實如人意，嗜古之癖藉爲歡適，此性情中自具之趣，非可語言解説者。蘊生既以唐石名其齋，又於田君永宅處仍題石，使其可久，何用心之厚歟？余在京師，嘗驅車數日尋唐淤泥寺《心經》，得之城西鷲峰寺。又曾於西便門下土道中得開成井闌，移置報國寺胡桃樹下，皆可喜悦。惟内城米店中得唐誌二石，牟亦樵見示打本，走尋之，已爲人購運出都。時復在念，附記於此。道光壬寅五月金陵釣魚臺寓園。

跋後唐潁州開元寺鐘銘拓本

文詞茂雅，書律精整，其筆意蕭散静逸，頗存山陰遺巨，不意於《鐘銘》得之。癸巳春日，獲於西湖六舟上人處。

跋陳雪峰井天齋井銘拓本

金陵嗜古之士，有陳雪峰、車秋舲。秋舲余未嘗見，嘗寄贈所刻《輿地金石志》，未有以報之，忽忽數年矣。雪峰昔在京師，館汪孟慈農部家，余得時與相見。其人正静能趨義，不徒嗜古而已。一别十餘年，今年春余自長沙至金陵寓園，識雪峰之弟椉生，延爲家塾師，知雪峰以去年冬十一月死，秋舲以今年春正月死。噫！天於兩君，不使一展所學，以窮困終；又時日迫近，聯翩委蜕，使我無一面緣，可悲也。椝生行端節和，爲人似其兄。雪峰之子汝翼，亦好學能作篆分書。一日，出示井天卷子，雪峰最所得近邑井銘十一種，顔其齋曰「井天」者也。第一井曰「梁天監十五年太歲丙申，皇帝慜商旅之渴乏，口詔茅山道士□□永若作亭及井十五口」。井牀在句容縣城守署。按梁武帝《捨道歸佛文》作於天監三年，其後專心奉佛，斷酒肉，發大悲，此亭井所由作也。然乃使道士爲之者，帝早與陶隱居游，隱居好道，帝雖歸佛，未嘗絶老子教也。近見隱居所撰書《許長史舊館壇碑》古拓本，云茅山自宋長沙景王起道士精舍，梁天監十三年立朱陽館，十四年别創鬱岡齋室，十五年建菩提白塔，以均明法教。就道士之居，建菩提之塔，蓋以道、佛合蹤，事歸悲憫，故著之曰「均明法教」。宜乎亭井之作，正在其時。而世傳隱居文集，於此文脱去「十五年建塔」二語，蓋無知者以帝既不事老子，則館齋諸役皆道士自爲之，非必屬於匠作。又帝與隱居數書，止與論書，無一言及道。茅山既是道場，不當有佛塔，故疑爲誤衍而删之。今讀此銘，直書云「皇帝使茅山道士」，是「均明法教」之顯證矣，尚何疑於道場建塔乎？作亭及井者，亭以憩乏，井以瘉渴，兼而營之，使互可久也。又碑銘云：「爰暨東晉，二許懷真。裁基浚井，栖道接真。」茅山之有井舊矣，特此出自武帝意耳。第二井云：「維唐元和六年歲次辛卯五月甲午朔十五日戊申，沙門澄觀于原釋作「爲」。零陵寺造常住石井欄并石盆，永充供養。大匠儲此字疑。卿、郭通。偈讚曰：『此是南山石，將來造井欄。留傳千萬代，各結佛家緣。盡意修功德，應無朽壞年。同霑勝原作「滕」。福者，超於彌勒前』。」按澄觀，字大休，俗姓夏侯，越州山陰人。元和中，住太原大崇福寺，後住清涼山大華嚴寺，卒謚「清涼國師」。所著《華嚴經疏》及《華嚴法界元鏡》，有序載《全唐文》中，蓋究心藏海者。此偈讚之體，取人所共曉，故語意明顯。退之《送澄觀詩》，言其經營佛閣於淮泗之間，火燒水轉，龍驚雲跨。又申之曰「公才吏用當今無」，又曰「人言澄觀乃詩人」，蓋才力卓偉，爲退之傾倒歎惜若是。是井之作，特其餘事耳。退之作詩，在貞元十六年庚辰，已云「惜哉已老無所及」，後十二年，爲元和六年辛卯，作是井。又二十七年爲開成三年戊午，卒於清涼山。年蓋踰百歲，負才名，享壽臘，果方外一異人哉！井在溧陽縣，當元和時屬宣州。寺名「零陵」，不解其指，豈傳法者爲吾郡零陵般舟、日悟之流派乎？第三爲泰和元年蔣詮喜捨井。第四爲唐下元義井。第五爲宋秦會之篆書玉兔泉井，僅存「玉兔」二字，在府學宫。第六爲淳熙丙午邵永堅建普生泉井，在藩署瞻園。第七爲嘉泰三年井，其銘曰：「鑿竅山足，其泉如玉。匪江斯流，泄竇幽谷。神物護藏，大機感觸。泥滓之腸，以浣以沃。」第八爲寶慶丁亥荀鄉義井，據雪峰云：「其闌八角。」殆即賈耽造八角井以鎮黄河之類。第九爲咸淳三年井，監莊比邱福基立。第十爲「來鳳泉」三篆字井，在飲虹橋西臙脂巷，無紀年。雪峰以意定爲宋刻。第十一爲雷山井。「雷山義泉」四字大徑尺，「至正戊子雷秉義建」八字大二寸餘，皆篆書，在德恩寺。余愛天監、元和兩井銘，詞、書、意俱古勁，故考之較詳，餘從略焉。柳子厚《柳州井銘》云：「相者浮屠譚康。」東坡《錢塘六井記》云：「陳公述古命僧仲文、子珪辦其事，又引其徒如正、思坦以自助。」井之設也，以清淨功德而潤無窮，故往往以方外主其役，此天監道士，元和沙門、咸淳比邱是其類也。自《隸釋》載光和三年舜子巷井并碑陰題名，爲井銘著録金石之始，然趙氏《金石録》已無之，則闕佚久矣。趙録所載者有唐景陽

《井銘》二，韓公《井碑記》，邵真《義井記》，賈耽《滑州新井銘》，《柳州井銘》。韓公井者，疑即韓滉於石頭城穿井百餘所者，亦金陵古井矣。滑州新井即八角井，井可以鎮河患，其制度當必有異。《柳州井銘》，趙氏謂沈傳師書，其書不工，疑後人僞爲。惟碑中文與柳集不同者數字，以碑爲善。沈書在今世者止余家所藏《羅池廟碑》碑文，與韓集亦不同數字，以碑爲善。此柳銘正同之。沈書古樸澹泊，知賞者希，故趙氏疑其僞爲，乃所不同之數字，亦不明著之，甚可惜也。近日井銘新出者，惟漢安二年《穎陽里井券》最古，更在光和之前，然翁閣學已疑其僞作。余未見拓本，無以言之。又有天寶二年《臧公鑿井造象碑》，在山東寧陽，自江秬香始搜拓。費縣有唐《古井記》，余家有拓本，未携入篋衍，忘其年歲。六舟上人數年前在四明見二十八宿井，坼之皆晋甎，其井在天監前二百年，不聞別有井銘，蓋即以甎文爲記也。道光二十年，余在京師西便門城下得唐六角井闌，刻云：「開成四年五月十五日建造。」以十六人曳存報國寺。五月十五日與澄觀造井同，或是日於作井宜歟？頃閱《江寧府志》，尚有天監三年《陶隱居井銘》，陳宜懋書，何茅山之多井也。此天監十五井牀字既與《瘞鶴銘》不類，必非貞白書，意者亦陳宜懋書歟？六朝以前碑版皆不著書者姓名，況井銘乎？然彼井銘又何以著之也？又順義七年《開善寺浴院井記》，保大三年僧廣慧《義井記》，徐鉉撰《許長史丹井記》，徐鍇撰《許真君井銘》，李迪《陳宫井記》，雖僅存其目，斷石零字，安知不尚在人間？天胡不假雪峰以期頤之年搜剔之，使古仁人智士所以重井之意，益表襮於後世耶？考金石而專事於井者，自雪峰始，余故繁稱而博論之。今之耕田鑿井者，其法皆不古若，故地利薄而泉少甘，不足以養人卻病益年。神農九井之法，管子書《幼官》、《水地》、《度地》、《地員》諸篇，詳記順時飲井，測泉審音，物土之别，世有能知其義者，吾願與從事而推行之。道光二十有二年二月二十有二日。

跋丁儉卿藏嘉祐二體石經拓本

丁儉卿舍人兄新得宋《嘉祐二體石經》三百七十餘紙，爲《易》、《書》、《詩》、《春秋》、《禮記》、《周禮》、《孟子》七經，《玉海》等書。述汴《石經》，不言有《孟子》，表章亞聖，自此刻始，是足補史志之闕。吴山夫嘗見四册於吴門薄自崑家，乃《尚書》、《周禮》、《禮記》、《孟子》。山夫自得五碑，止有《易》、《書》、《周禮》。顧亭林、朱竹垞皆謂汴經久佚。拓本之富，未有如今日所得者，既黏綴爲四大册，有重出者卅餘片，另爲一册，寄京師付賢郎頤伯兄弟。頤伯來飲余齋，持册匄題。余因憶祥符、陳留兩處《二體石經》，余皆曾尋獲摩賞，行路匆匆，未及詳討，不知汴中湮匿者尚有幾碑。亭林、竹垞謂其全佚者，非也。太宗表章《説文》，仁宗特刻《二體石經》，右文稽古，前代所無。而有宋一朝，篆學荒蕪特甚，深可慨嘆。酒後縱筆成詩，奉柬儉老。俟南游時詣六藝堂，當獲飽觀快訂也。

跋蘇書大字金剛經拓本

坡公楷書全部，余甫得見此耳。公殆不甚作楷，兹特以老泉故，宜乎俊逸之中精整無匹也。刻石者乃匪正人，然跋語悱惻，蓋孝思所感歟？道光甲申春正得之歷下，因記。

跋蘇書馬券帖拓本

賜馬不能贈人，當時果有此例否？於他處未有聞也。東南例乘肩輿，即亦未嘗無馬，爲出公據分明，意爲調侃，欲以此帖付方叔易錢耳。此老涉筆游戲，託之莊語，何所不可？涪翁、潁翁又爲揚其波，以溉後人，方叔未必實受其福也。

跋鄭氏世允藏蜀石經左傳拓本

孟蜀所刻《石經》：《孝經》、《論語》、《爾雅》，張德釗書；《周易》，楊鈞、孫逢吉書；《尚書》，周德貞書；《周禮》，孫朋吉書；《毛詩》、《禮記》、《儀禮》，張紹文書。惟《左傳》不題書者姓名，晁公武所述如此。此册第十五卷，起襄公十年至十五年，卷末注出：《經》七千九十三字，《注》五千二十四字。字有歐法，古味殊勝。秋來見青陽吴氏蜀石經《周禮》、《公羊傳》各一册；又見山陽丁氏《嘉祐二體石經》四巨册，皆爲作詩。今復覩此，墨緣駢萃，目不給賞，漫占一絶。

跋楊海琴藏陸放翁詩境二字拓本

方孚若於韶之五谿，道之窊尊，桂之龍隱巖，皆刻放翁「詩境」兩大字，因自號「詩境甫」。下半又自刻《龍隱巖詩》三首，有「七星五嶺，驂鸞浮鷁」等語。其守道州，抵任當在嘉定五年壬申冬，刻石即在其時。余昔曾得拓本於吴門，珍藏有年矣。而吾州之窊尊，今在報恩寺，石面凹處，篆畫縱横，一字不可識，蓋元銘瞿篆也。「詩境」兩字竟無影響。咸豐辛亥，余以母憂返里，重修祠堂及鶴鳴軒書塾，仿放翁書意，題「詩境」兩字榜於塾前。又買得西偏柑橘園，構屋兩間，纂輯家譜，題爲「譜軒」。又造環秀亭於東南隅。明年壬子，服闋入都，旋出視蜀學。乙卯夏以言事被議去，游蹤靡定。壬戌春始回州埽墓，瞻尋鶴鳴舊社，惟環秀亭尚在，其餘屋廬盪盡，林木一空，蓋壬子之夏俱燬於粤逆矣。今丁卯九日，海琴忽以所得「詩境」拓本，由辰沅道署寄至湘垣，屬爲題賞，因綴輯所欲言者，成詩一篇。吾州熊君、蔣君兩碑，載於《隸釋》者，相傳明末始亡其石，每次回州，遍訪不得，海琴欲吾两人以分書補之，余未敢任也。承惠食物外，有模「九日當採菊」字，小𤾩甚佳，篇中并及之。

跋陸放翁瘞鶴銘後題名拓本

放翁此書雄偉厚重似蔡君謨，而非君謨所能及。嘗疑東坡推重君謨，謂爲當代第一。蓋東坡實自信其書無與匹，而不肯漫然任之，故爲是論，如昌黎於文推柳州，香山於詩推微之耳。使放翁得與同時，東坡許之，豈在山谷、少游下哉？試以此書與蔡書《萬安橋碑》較之，工拙瞭然矣。

跋吴子苾藏宋拓臨江帖王大令書卷

大令草書連緜處，已非家法，然開後來法門不少，況如此佳帖耶？昔年曾在吴次平處見過。苾翁得此，余方使蜀，故未及共賞，今於賢孫庾生處借觀累日，而苾翁已作古人矣。寫記墨緣，愴惘無已。時咸豐己未秋仲，庾生闈試至濟南也。

跋張洊山藏賈秋壑刻閣帖初拓本

唐以前碑碣林立，發源篆分，體歸莊重。又書手、刻手各據所長，規巨不移，變化百出。彙帖一出，合數十代千百人之書歸於一時，鉤摹出於一手。於執筆者性情骨力，既不能人人揣稱而爲此務多矜媚之事者，其人之性情骨力已可想見。腕下筆下刀下，又止此一律，況其人本無書名。天下未有不善書而能刻古人書者，亦未有能一家書而能刻百家書者。余少年亦習摹勒，彼時習平原書，所鉤勒者即盡與平原近。心是所學，謂本是一意，後漸於書律有進，乃知其誤也。《戲鴻》、《停雲》，疵議百出，弊正坐此。而淳化則罕有雌黄，特因其所從出者，世不覩其初本，不能上下其議論耳。以余臆見揣之，共鑪而冶，五金莫别。宋人書格之壞，由閣帖壞之。類書盛於唐而經旨歧，類帖起於五代、宋而書律墮，門户師承，掃地盡矣。古法既湮，新態自作，八法之衰，有由然也。懷仁《聖教》集山陰棐几而成，珠明魚貫，風矩穆然，然習之化丈夫爲女郎，縛英雄爲傀儡，石可毀也，氈椎何貴耶？彙帖遂俑於此，重惟䑛繆，更相沿襲，《淳化》遂成祖本，尊無二上。南渡以後，災石未已，試看彙帖中於古人碑版方重之字，不敢收入一字，非以其難似乎？簡札流傳，攲斜宛轉以取姿趣，隨手鉤勒，可得其屈曲之意，唐碑與宋帖低昂得失，定可知矣。「羲之俗書趁姿媚」，昌黎語豈爲過哉？東坡、山谷、君謨、襄陽不受束縛，努力自豪。然擺脱拘束，率爾會真者，惟坡公一人。三子者，皆十九人等耳。

樗寮晚出，小慧自矜，然皆由不守閣帖，故尚能錚錚佼佼。余實不解閣帖出後，今千數百年，人人俎豆之，漸以两京六朝爲古器，唐人碑爲法物，不容易親近摹習，而甘心低首於王著，所摹澄心紙、廷珪墨，半部零册，輒拱璧視之也。賈似道以昏懦誤國之臣，寄情煙墨，所刻閣本豐腴動人，勝於瘦削，故頗有名於後代者，亦如秦會之工收吉金耳。賈本似此佳拓，今亦不易覯。洊山大令兄得而珍之，因嗜拙書，時時過從，縱譚石墨，遂出此帖，屬爲鑒跋。余不能效覃谿老人搜索筆畫，瑣瑣校讐。洊山又有志學書，余勸其多看篆分古刻，追溯本原。此帖雖佳，止可於香鑪茗盌間偶然流玩及之，如花光竹韻，聊可排悶耳。豎起脊梁，立定腳根，書雖一藝，與性道通，固自有大根矩在。

跋文氏停雲館刻晉唐小楷二則

此册共十八種，模勒精審，爲文字石刻中極佳之品，若得羅紋淡墨拓之，即以抵宋拓越州本，恐亂真不難也。世賢以停雲初拓爲宋墨，不惜善價購藏者，吾所見亦屢矣。賞鑒家慎無遽自命具眼也。

山陰真面目無處尋覛，世間紛尚《黄庭》，其實了不見古人意思，即此刻亦苦横、直、撇、捺、戈法，無古勁厚遠之氣矣。惟《曹娥》全是分書意度。余嘗謂度尚大字八分碑，右軍仿其意作小真書，故心手間尚有分法。子敬《洛神賦》用筆横逸疏宕，欲出父書之外，頗見本色。欲求二王律令，觀此两種，可想象十一，其餘殆無足摹覽，非謂停雲刻不佳也。

記安氏刻孫過庭書譜後

此册乃在濟南時朗園主人周通甫代爲買得者也。通甫爲東木先生之子，以藏書世其家，園中列屋十九間，皆以藏書，箱桉珏屋梁。屋外環以水竹，爲城西佳勝處。余每偕毅弟過園，與通甫縱譚，輒移時不能去。通甫又好金石文字，有所得，手自翦飾裝池，至千數百種。臨風閲古，相與詫賞。今通甫下世已久，每展是册，遠想故人，不能以已。聞通甫子頗能讀祖父書，何日得重過濟南，一訪名園，重問酒痕詩印也。通甫有友楊徵和，專習《書譜》，仿作大字殊佳。道光丙申春漫記。

跋賈芸樵藏文氏刻孫過庭書譜

余所見《書譜》以太清樓宋拓本爲最肥勁圓逸，不知墨本是何樣也？後見停雲館刻本，瘦潤有典型。最後見安氏刻本，視停雲加以腴宕。其實文本、安本所自出同一墨本也。今見此本，始知文刻勝安刻，安刻蓋有故增姿致處，要之視太清樓本筆勢章法，迥如出两手，或當日不止寫一本也。疑不能明，質之芸樵同年，請有以示我。

跋東洲草堂金石跋

吴隱

右《東洲草堂金石跋》五卷，道州何子貞先生撰。先生於學無所不闚，尤精小學，旁及金石、碑版文字。書法具體平原，上溯周秦两漢古篆籀，下逮六朝南北碑碣。搜舂至千餘種，皆心模手追，卓然自成一子，草書尤爲一代之冠。某年得《魏張黑女墓志》拓本於濟南市上。平定張月叁穆爲之序，稱其筆法之妙爲自來魏石所不逮，蓋宇内孤本也。是編考訂金石，精審翔確，即一字一畫之微，亦必剖析無遺，折衷至當。自乾嘉已還，藏金大家首推文達相國，先生於《積古齋款識》猶然多所舉正。同時如吴平齋、僧達受諸名輩有所考論，輒與往還商略，其研精獨到處，要必加人一等。在湘沅學派中若先生者，可謂耆古掊奇，别開谿徑者矣。書經梓行，惜傳本絶少，余從王息塵廉訪處借得之，爰亟付排印，以廣其傳，而識其大略如此。龍集柔兆執徐雙蓮節，山陰吴隱潛泉跋於西泠印社。

（録自西泠印社民國間木活字本《東洲草堂金石跋》卷末）

鄭齋金石題跋記

鄭齋金石題跋記目録

石類　碑

石類　帖

序

數十年來，大江以南言金石之學者，前有嘉興張叔未，後有川沙沈韻初。韻初收藏之精且富甲於海内，尤非張氏清儀閣比。其生平瑰寶尤爲著名者，王稚子雙闕、羅鳳墓闕、華陽觀王先生碑，皆當世金石家求一見而不可得者。所獲宋元明搨精本多至數十種，萃翁、黄之遺珍，補歐、趙之未録。終日劬劬，覃思精索，可謂好之篤，集之勤，遇之奇。不脛而走，不期而至，夫豈偶然哉！余嘗戲謂韻初曰：「君專收石刻，我癖嗜金文，猶南田之不畫山水以避石谷也。」今韻初歿十五年矣，余甥肖韻茂才恂恂好學，克守楹書，録韻初所題金石跋語屬爲校定，將以壽之梨棗，因識數語歸之。喜沈氏之繼起有人而藏本不致散失，爲韻初幸，爲金石寶刻幸，惜乎愙齋所集三代彝器文韻初不及見也。

光緒十有三年歲次丁亥冬十二月。愙齋吴大澂。

金類

鄀公敦

《積古齋》釋文云：《左》僖二十五年《傳》，秦、晉伐鄀。杜《注》：鄀本在商密，秦、楚界上小國，其後遷于南郡鄀縣。正二月者，用正朔也。二者，月之二日也。敔人，鄀君名。

鄂侯敦

首一字或作「燕」或作「器」，兹依《筠清館》釋文。丁卯七月。

孴妊敦

孴，《説文》云：籀文「孴」，從二子一日。孴即奇字孴。此蓋妊女之字。據積古齋釋。丁卯五月。

歸父盤

聞此盤僅存殘銅一片，四圍攢列細孔，其遭劫與頌壺同。丁卯六月。

天君鼎

積古齋據趙晉齋拓本摹入，作父丁彝。

秦量

《史記·秦始皇本紀》二十六年平六國，號皇帝，一法度、衡石、丈尺，更名曰黔首。此量銘當即其時所造也。同治戊辰八月書於都門寓齋。

「廿六年」以下四十字是始皇帝刻辭。「元年」以下六十字是二世皇帝刻辭。己巳八月既望。

秦美陽權

武功縣古有邰國，堯封后稷之地，周平王東遷，以賜秦襄公。孝公作四十一縣，斄、美陽、武功各其一也。見《長安志》。又云：美陽故城在縣西七里。《漢書》曰：美陽縣屬右扶風。注：周太王所邑。

漢家官鍾

葉東卿駕部云：此是量器。「鐘」字古與「鍾」通。舊爲錢塘瞿氏所藏。同治己巳秋八月書於吴門僦舍。

按：外祖金文題跋未留稿本，此上數則僅就吾家所藏金文册中録出者，想外間流傳必不止此。吴湖帆敬識。

石類　碑

秦岱頂刻石二十九字

此石宋莒公鎮東平日遣工就搨，止得四十七字〔一〕。歐陽文忠《集古録》亦言：友人江鄰幾謫官，奉符親到碑下，纔有此數十字而已。至汶陽劉跂斯立，始於大觀二年、政和三年兩次宿岱頂，刮摩椎拓，遂得較他本爲完善。四面週圍悉有刻字，總二十二行，行十二字，計字二百二十有三字〔二〕。可讀者百四十有六字。又《廣川書跋》云：泰山篆秦相李斯書，始皇《詔》刻其三面，二世《詔》在其陰，今之所存蓋二世《詔》也。又明吴同春《游泰山記》云僅存劉所云之半，其後北平許叵（第一字「叵」，查泰山秦篆殘石刻本各家題跋，或稱「許某」，或稱「許君」，此「叵」字恐係「君」之誤。）於岱頂榛莽中僅得二世《詔》二十九字殘石，嵌置碧霞元君廟東廡壁，至乾隆五年六月燬於火。近日蔣伯生邑侯於玉女池搜得殘石僅存十字矣。此二十九字猶是原石精拓本。

漢兖州刺史雒陽令王稚子雙闕

劉燕庭方伯舊藏東漢《王稚子雙闕》，即小蓬萊閣故物，近爲黔南景劍泉宫詹所得，海内瑰寶也。余於今年十月重來都門，篋中携有米海嶽《三札》卷，宫詹必欲得之，特以《雙闕》來易。時宫詹鋭意搜羅宋元名蹟，而余正酷嗜古碑，互易寶藏，皆大歡喜，是於秋盦、鹿樵而後又續一古緣矣。因屬無錫秦誼庭農部繪圖以紀其事。時同治丁卯仲冬月，僑寓都門興勝禪院。

王稚子雙闕在四川新都縣，洪、趙諸家著録俱載，至國朝雍正時《先靈》一闕已不復可得。是本爲前明黄子羽於崇禎庚辰令新都時所拓，未幾流賊肆亂，全蜀蹂躪，子羽幸先解組歸，吉光片羽，未厄劫火，至今又二百二十餘年矣。爰屬秦君誼庭補寫是圖，其當日在荒煙蔓草中獨立斜陽，摩娑片石，憑弔古昔之懷猶可想見者，後之人幸毋以好事誚我焉。同治丁卯仲冬月呵凍書。

附《景劍泉詩》

東漢稚子闕，雄峙新鄞久。傳聞百年前，一闕歸烏有。此拓最完善，曠代幾無偶。搜藏秘篋中，摩娑不去手。中翰注述才，集古今歐九。偶示海嶽札，筆法宗顔、柳。媿我乏師承，觀兹得授受。君躭漢碑碣，我慕襄陽叟。欣然遂相易，彼此爲典守。瑰寶漫軒輊，詎能置可否！矧締金石盟，歷劫當不朽。待君著録成，海内不脛走。漫仕亦有言，秘玩貽良友。《米札》云：與叔晦爲代，故以秘玩贈之，以示两姓之子孫異日相值者。两姓之子孫，竊願隨其後。

丁卯冬以《稚子雙闕》易南宫《三札》，附題一詩以志鴻爪。

按：外祖二跋及秦誼庭《新都訪石》、《易碑》二圖、景氏一詩俱存沈氏家藏集册中，未經裝入，惜今拓本不知流落何處爲憾。吴湖帆敬識。

王稚子闕

此本較道光二十六年劉燕庭方伯在蜀中時所拓定先數十年。「兖」字撇筆未泐，「剌」字两點尚分明，「史」字捺之起筆、「雒」字「各」之「口」字皆未剥蝕，其明證也。（「雒字各之口字」，似係「雒字各旁之口」。）

漢公乘伯喬題名

貞女羅鳳墓闕

永初官甓

趙晉齋所藏漢刻三種，世無二本，孫淵如觀察載入《寰宇訪碑録》。予夢想十餘年，無從蹤迹。前年在都門，友人告予此物尚在人間，惟不知流轉何所耳。戊辰十月自都門回，僑居蘇城，始訪得之。既慶奇緣，又償夙願，歡喜無量。

漢祀三公山碑

此碑乾隆甲午歲王君治岐宰元氏得於城外野坡。高四尺，廣二尺，文計十行，行十七字至二十四字。釋文載《小蓬萊閣金石文字》中。

碑在直隸元氏縣故都中，拓本頗多，惟剥蝕過甚，幾至一字不可辨。此本係黄小松司馬贈翁覃溪閣學，閣學又贈宋芝山學博，乃出土時初拓本也。惜裝池脱落，因以原楮重裱之。其每葉次第亦皆閣學手迹。

同治丙寅九月余既從魏稼孫處得小松贈蘇齋《漢祀三公山碑》，又於友人處假得小松所得金石印一方，因手拓附裝之，以志墨緣。

漢李昭碑

右《漢李昭碑》文六行，下段闕。雍正乙卯出土[三]，在陜西寶雞縣，未幾即燬，故拓本甚不易得。後人或疑僞作，桂未谷大令《札樸》中曾詳辨之。此爲吴江王氏舊藏，載《話雨樓碑目》。同治丁卯秋八月得於滬城徐氏。

漢嵩山泰室石闕銘

《泰室神道石闕銘》在河南登封中嶽廟門百餘步，漢元初五年四月刻。元納新《河朔訪古記》中嶽廟南有雙石闕，外石人一對，闕上多記刻，後漢安帝元初年建。案：三闕銘宋人著録皆未之及，其見於著録者當以此條爲最先矣。

銘文八分書，二十七行，每行約九字，亦有十字、十一字者，而顧亭林所見祇十三行。黄玉圃叔璥輯《金石考》時得二十七行之本矣，然云依稀可辨者三十八字，乃知石之剥蝕已久。此宋搨古本，尤當寶也。

漢武帝元封元年名「嵩高」曰「崇高」，師古曰：謂之崇者，示尊崇之奉。後漢靈帝熹平五年復崇高山名爲「嵩高」。而《中州金石記》云「嵩高」字作「崇」，見漢時尚無「嵩」字。然則由「嵩」改「崇」，改「崇」復「嵩」，其「嵩」字將何着也。惟是銘刻於安帝時，故仍「崇高」之舊耳。

翁覃溪閣學釋文視《中州金石記》所釋較詳核，然亦有不甚確者。如第二行

「家」字尚在疑似；至所釋「土」字以諸本校之，則直可決其非者；「休」字作「岱」，較原釋爲長；「氣」字則不可信，錢氏《潛研堂跋尾》中已辨之矣，且於詞義亦不甚洽；末一字作「純」，與原釋同，然「系」旁甚顯而右半則未敢定；第四行「源流」下一字作「鴻」，未確，有捺筆甚顯也；第廿三行第一字以諸本核之，實不類「陽」字，闕疑可耳。（恐係校字之誤。）己巳七月讀《两漢金石記》附書之。

王良常謂是碑波法皆作雙鉤，非也。韓敕修《禮器碑》、武氏《石闕銘》皆有之，蓋鑱刻之痕，日久漸露中央黑地，故似雙鉤耳。翁閣學辨之甚確。《中州金石記》云：銘文廿七行自「京兆杜陵朱」以下尤摩滅不可辨，其字以墨闌別之者，顧亭林、王良常所見，今本所無也。

此鄭谷口舊藏宋拓本。咸豐辛酉始見之，同治丙寅始得之。夢想六年，幸遂夙願，歡喜寶護，吾莫能名矣。

粵惟崇高，作鎮中土。有漢勒銘，詞嚴義古。我得斯文，傳自鄭簠。寶光黝然，墨花旋舞。孰與并行，禹碑岐鼓。

泰室石闕銘

右《嵩山泰室石闕銘》舊拓本，辛未八月得於吴門。

泰室石闕銘額

右《中嶽泰室石闕銘額》，陽文三行，共九字。前二行六字云「中嶽泰室陽城」，後一行三字全泐，不可辨。王良常謂額止六字，牛空山摹作雙鉤，皆誤。

漢嵩山少室東闕題名

牛氏《金石圖》、翁氏《金石記》所録皆止四行，此本則存五行，惜末一行剥蝕不可辨耳。

翁覃溪閣學云：漢人題名必先書郡縣而後及其姓名字，此刻則似每二字爲一姓名，不得以地名泥之矣。

濃墨舊本字口多蒙，此細意椎拓，鋒穎畢具，甚可寶也。

漢嵩山開母石闕銘殘字

右《開母石闕銘》下層後半十九行，其前半十六行已失去矣。以舊拓故存之，又被褾工倒裝二行。

漢嵩山石人冠頂馬字

黃秋盦司馬《嵩麓訪碑記》：「中嶽廟前雙石人比曲阜魯恭王墓前者稍殺，冠冕、執殳、制作皆同，土掩其半。武虛谷疑身間有刻字，屬易遺人出之，摹其形以歸，信爲無字矣。茲易見東石人冠頂一『馬』字，八分古勁，真是漢刻，然莫詳其義。」石祇一字，墨本流傳惟有秋盦手拓耳。市駿無人，可勝浩嘆。

漢食堂石刻

右永建食堂題字，太谷温元長比部忠善所贈。元長篤嗜古刻，憶癸亥在都門，趙撝叔同年輯《補寰宇訪碑録》，余與元長共佐搜訪，元長所得尤多，惜書未竟而暴病遽卒矣。按：是石至今已閱二千年，晦久復顯，出土第一拓本則無異新發於硎，較他本古刻尤當珍重，因援筆記之。而回念故交，殊復愴悒不置。

漢敦煌太守裴岑紀功碑

此碑錢唐黄氏小蓬萊閣舊藏，後歸莆田郭蘭石廷尉。壬申六月二十八日廷尉之子子壽司馬籛齡自閩來吴，携以見贈，因檢焦理堂《雕菰樓易學》、錢溉亭《淮南子天文訓補注》及《焦山鼎銘》報之。子壽翁年已周甲，研精曆數之學，數千里航海來訪，以余久病初愈，談數刻即去，殊悵悵也。稼孫寄余書云，郭氏所藏小蓬萊閣《裴岑碑》拓殊草草然，藉知吾輩所藏皆是原刻。

漢沙南侯獲碑

碑在巴爾庫勒南山巔關壯繆祠東南五十里焕彩溝，屬宜禾縣。石立路側，面刻「焕彩溝」三字，理藩院筆帖式正書填朱，其陰即此碑也。從來金石家皆未著録，自薩湘舲都統得拓本携歸，翟氏文泉云叔始雙鉤鋟木。此外藏家惟諸城劉氏、道州何氏有之。蓋石在萬里外，訪拓既難，又無良工、氈蠟，得此片紙，雖如霧中看花，然已與宋元舊本同寶矣。曩在都門，遍求不獲一見，近始從潘伯寅侍郎易得之，因書其略，以志欣幸。

徐星伯太守《西域水道記》載是碑云：隸書三行〔四〕，首行「惟漢永和五年六月十五日」下闕，二行曰「臣雲中沙南侯」，餘皆不可辨識。太守曾親至石下，而云可辨者祇此十餘字，則石之剥蝕可想見矣。

漢北海相景君銘

蒼質渾古，鼎彝之亞。隸書

凡左右「阝」皆作「目」。

直下之筆開《天發神讖》，腴勁同史籀，遒美過袁逢。同治己巳六月望日從友人處借得蘇齋舊藏顧氏塔影園本，校對一過，并臨覃溪閣學題字於右。連日酷熱，以西洋寒暑表測之，已過一百零二分矣。記於吴門雙林里。

漢武氏石闕銘

右《武氏石闕銘》，見趙、洪二家著録。石久淹没，至乾隆丙午黄小松司馬始訪得於嘉祥縣武宅山。此爲黄氏舊藏，當是出土初拓本也。同治辛未八月。

漢魯相乙瑛置孔廟百石卒史碑

此碑百年前舊拓本，同治戊辰二月二十二日得于都門廠肆，係毛子銘物。毛君，浙之吴興人，以微員官畿輔，喜藏石刻拓本，而奇窮至不能度日，以此出售，因與白金三兩得之。

乙瑛碑

余見漢碑舊拓雖重複亦必收之。是碑所得最多，而此本最沉厚耐觀。

漢魯相韓勅造孔廟禮器碑

是碑在漢隸中爲最上乘，得此精搨本始見真面目。失去五葉，是真憾事，然大美忌完，何必不留此缺陷？

自「元孝」下「俱」字之後至「復授」上「盛」字之前，以全碑校之，共失去一百八十字，正五葉也。聞友人自一老嫗手中得之，故有此厄。

禮器碑

此海寧吴氏拜經樓舊藏本，題字二行當係兔牀先生手蹟也。同治辛未夏五月。

禮器碑末行題名

此一行在韓勑造孔廟禮器碑陰上列之極末，近邊，拓碑者多遺之，是以諸家著録多未及此。此係翁覃溪閣學從舊本雙勾漢陽葉氏重刻者。余得是碑整幅拓本，此行猶存，惟閣學所云中列六行、七行下〔五〕尚有極細小隸書三行，諦審石本全無形迹，當覓舊拓精本再考之。

漢封龍山頌

石在直隸元氏縣，道光廿七年劉念樓訪得於縣之西北村，移置文清書院。此出土初拓本也。

漢泰山都尉孔宙碑

漢碑如此精拓古本百不得一，諦審自知。同治辛未以海寧畢既明名弘述，康熙時人，即著《六書通》者。舊藏前明拓本校勘一過。如「東平陵吴進」之「東」字，「寧陽周順」之「寧」字，畢本已泐，而此尚完善，其餘筆畫之未損者不及備記。畢本已是明時拓，而此尤勝也。

漢魯相史晨祀孔廟碑

覃溪身後，其所藏半歸漢陽葉氏，半歸武林孫氏。此《史晨》前、後二碑，余即從孫氏得之者也。前碑係國初金文通舊藏，乃前明古拓。後碑則稍遜，然蘇齋題記已稱舊本。

此册則剪貼未裝，同爲翁氏物，其拓墨古厚，足與前碑相埒，遠勝有題記之一册，審爲两峰故物，或蘇齋得之較後，故未配合，因亟爲裝册而并記之。

史晨碑

此余咸豐戊午所得寒山趙氏本也。辛酉遭難，舊時藏物大半被毁。賊去後，友人至余家，見是碑抛棄墻陰，亟收存歸余。册面及題跋已俱毁去，幸碑尚未損也，因重裝記之。同治丙寅七月。

碑後葉舊有趙靈均自跋云：予求是碑已廿餘年，曩從羽遐處借鉤一過，存篋中，昨於我鄉顧職方家忽得此本，當是三百年前舊物。顧氏多收藏，宜有此佳刻也。償我夙願，不啻獲珊瑚鉤矣。（第四行「鉤」字是否有誤？）崇禎戊寅三月趙均識。同治丙寅秋八月閲，手輯家藏金石評跋，因補書之。

趙靈均手鉤《史晨碑》藏吴江王氏任堂，見《話雨樓碑目》，張芑堂景初帳構銅銘跋後。

華山之侣，鄭固之匹。紙敝墨渝，獨完神質。寒山遺珍，謹守勿失。己巳仲冬月。

史晨後碑

槎客先生謂已勝當時新搨之本，則至近亦閱百年矣，而潔淨如新，可令泥紙墨以繩古刻者奪氣。同治辛未九月。

史晨後碑

此較從前拓本多五字，乃石初升時精拓本也。升碑在乾隆丁酉年。然亦已近百年，在今日爲舊拓矣。

漢竹邑侯相張壽碑

吴山夫《金石存》載此額，而所傳是碑殘闕，後之拓本皆無額字。翁覃溪閣學謂吴氏亦據洪釋録之耳，此説甚確。（同治庚午夏六月。）

碑在山東城武縣孔子廟。竹垞先生已稱殘碑，其何時殘損惜不可考。洪氏所録全文凡五百四十二字，今所存祇一百八十字矣。庚午八月燈下校讀記之。

漢衛尉卿衡方碑

沉鬱遒古，儕視《郙閣》，下開平原。此古搨佳本，尤足寶貴。同治庚午春正月書於吴門寓廬。

漢武都太守李翕西狹頌

此秋盦司馬手裝本，面葉題字尚存。曩見《張遷碑》，亦秋盦故物，與此同一裝式，自記凡遇古碑，裁剪之役必自爲之，懼工人損失云云。嗜古者勞其細事亦如此。庚午九月得此精本，因附書之。

此彭尺木先生舊藏本，後爲富陽胡鼻山所得。鼻山故後，篋中古刻皆爲其滬上知交分散，此本不知何時流轉吴中。古人往矣，得此展閱，用證舊盟。

西狹頌

「惠安西表」篆書，此頌額字也。拓本甚不易得，書此俟之。

是頌前刻「五瑞圖」，後刻題名十二行，而舊時墨本無全拓者，宋洪氏故以十二行爲天井題名，翁覃溪、趙晋齋所見亦皆衹此。畫像及題名俱另紙拓也，整幅全拓近日始見之。是本畫像、題名亦未拓，然是舊本，故可貴。同治辛未立冬後三日書於吴門寓齋。

漢李翕黽池五瑞圖

此亦摩崖，在《西狹頌》之前，刻於山石轉角處，下臨深潭，艱於氈椎，故少全拓。是本係東武劉燕庭方伯舊藏，上方左角「黄龍」二字、下截題名三行亦皆拓全，此皆不易得者，故附志之。

漢博陵太守孔彪碑

翁氏《两漢金石記》所據孫北海宋拓本「脩」字、「命」字等，此本皆可辨，尚是前明舊拓也，且濃墨本蒙翳之字賴此訂正者亦不少。然神采内斂，俗目輕之，無點污之累，未始非厚幸焉。

漢李翕析里橋郙閣頌

此爲顧南原舊藏本，後歸長洲彭氏，題籤字乃尺木先生手跡也。碑文第九行「校致攻堅」之「校」字尚完好，下三字亦未泐，當是前明拓本。

漢司隸校尉魯峻碑

右《魯峻碑》殘本，尚存三百餘字。雖用墨過重，然尚是朱臥盦舊藏前明拓本，當珍重也。

漢堂谿典嵩高山請雨銘

右《堂谿典嵩高山請雨銘》八行，墨采較足，字畫明顯，可與後葉淡拓全文參證。

漢豫州從事尹宙碑

碑中極細瘦之字，所見百年前拓本已皆重鑿矣，此尚是盧山真面，當細辨之。下截左角缺十二字，此尚未缺。

此舊拓本，前爲南海吴荷屋中丞所藏。新拓模糊殊甚，且多殘泐。即稍舊之搨，「守攝百里」「攝」字，「位不福德」「德」字，「壽不隨仁」「不」字，亦漫漶不可辨矣。此册數字猶存。

漢溧陽長潘乾校官碑

此爲顧南原舊藏本，末行「四年」之「四」字尚未缺。搨用水墨，所見舊本皆如此。

「稟資南□」（照下面幾句例，第一句「稟資南□」之「□」不應有）之下一字，洪云闕，單釋爲「禱」，翁釋作「神」，亦未確。「眾」之下一字，洪云闕，單釋爲「儁」，翁釋作「推」。今以此舊本審之，單釋實不誤。「賦仁義之風」下一字，諸家皆闕，翁釋作「修」，孔補孟釋作「備」字，甚顯也。

漢郃陽令曹全碑

碑出土在前明萬曆時。「因」字最先闕，後乃中斷有裂文，後乃「乾」字做「車」旁。余所見舊拓本「乾」字多未損，「因」字則無不闕者。今歲夏始得此「因」字完善之本，乃出土最初搨也。爰重記，當永寶之。

《曹全碑》出土最初拓「因」字未損本傳世絶少，向惟彭二林先生有一本，珍秘殊甚。後被下人竊去，携至嘉定，黄君本誠以番銀六十四餅得之，彭氏欲贖回，不可得，幾啟訟端。庚申之難，黄氏物亦散失殆盡。此册非二林本，而「因」字亦未損缺，當以魯靈光視之。

曹全碑并陰

碑陰舊拓尤難得，其極秀削處最似《武梁祠畫像題字》。同治乙丑十一月十一日燈下檢篋中所藏漢碑舊本附記，時客京師。

曹全碑陰

是碑在漢刻中最秀媚動人，故人争學之，幾于家置一編矣。碑陰尤變化離合，結構之妙，至斯而極。惜墨本不多有，有者亦少佳拓。是本爲諸城劉燕庭方伯所藏故物，用墨濃淡相間，逈異俗工。所謂蘇齋《禊帖墨花歌》，於是碑遇之，亦快事也。

漢蕩陰令張遷碑陰

此甲子在都門所得黄氏小蓬萊閣舊藏本，視近時精拓神彩更爲完足。

右碑陰四十一人，皆字而不名。古人命名多一字，而命字亦有祇一字者，此「范成韋宣」當亦字也。庚午七月養疴杜門，讀錢氏《金石跋》，因參其説記之。

漢吹角壩摩崖題字

王象之《輿地碑目·南平軍》下載，是石在溱州堡。風雨朘剥，苔蘚侵蝕，惟存建安年號云云。自宋迄今淹没又幾千年，道光念六年劉燕庭方伯在蜀中始訪得拓之。或作《盧豐碑》，恐誤。盧碑係建安七年，此「六年」二字甚明，可證也。

漢孔文禮碑

右《孔文禮碑》第一善本。舊爲孔繡山侍讀憲彝所藏，後歸平定張氏月齋穆，其細書校字皆月齋手跡也。兩次入都遍訪之，不可見，去年回吴門，忽從賈人手得之。文字精靈，機緣如此，吾得而遇之，吾不得而知之矣。

魯王墓石人題字

石在曲阜張屈莊。石人自腰以下陷入土中，故下（第二行「下字不可見」「下」字下恐缺一字）字不可見，牛運震《金石圖》所載如此。至乾隆甲寅，阮文達移至矍相圃洗拓，其文末一字「卒」字始見。此本祇拓三字，尚是未經移植時舊拓，尤可寶也。同治辛未三月得於都門。

肥城漢畫象

肥城漢畫象石刻并題字，墨本流傳甚少，是册得自葉氏平安館，係黄秋盦司馬手拓翁覃溪閣學舊藏。秋盦精繪事，故用墨濃淡悉以六法參之，當與武梁祠畫象唐搨本同爲宇内珍寶。

漢武梁祠畫象題字

《山左金石志》云：伏戲三石當屬右室。同治丁卯春正月書此備考。

《山左金石志》云：《祥瑞圖》二石背若瓦脊，當是石室之頂。同治庚午九月以《金石萃編》及小蓬萊閣釋文互校一過。

《山左金石志》云：第二石初出土時已裂爲三，翁閣學、黄司馬之釋〔六〕頗多舛錯。然自重立之後畫象題字更有泐蝕處，益知初拓可貴也。阮文達在山左，距是石出土時尚未遠，所言已如此。故近日魏稼孫鹺尹輯《萃編校勘記》，寄予函云：《祥瑞圖》近拓本已模糊不能辨，初拓精本當與宋拓同寶矣。此黄氏舊本，尤當重之。

右武氏前石室畫像題字十五石，亦小松司馬所得，嵌武氏祠壁間，原次難考，《隸釋》、《續》皆不載。

左石室畫像題字，乾隆己酉秋李鐵橋等平治祠基時所得，《两漢金石記》未載。

武梁祠畫象三石題字

今歲秋八月，都下得葉氏平安館舊藏秋盦手拓肥城漢畫像題字，瘦勁如古幣，又似《禮器碑》陰。於是册可多證合處，因附志之。同治戊辰仲冬月。

小松司馬舊藏唐拓本，後人不能守，爲一東河武弁所得，近又移歸保定矣。兩次在都門，以無巨資不能往購，甚惜之。同治戊辰十月書此以俟後緣。

武梁祠畫象殘石

右獸形及題字一行，疑武梁祠堂《祥瑞圖》殘石。黄秋盦司馬所得，後歸阮文達。

《山左金石志》云：石高四寸，廣六寸餘。黄司馬製爲硯。

武梁祠祥瑞圖

今歲夏六月，有西人業拓碑者從山左來，云近在嘉祥拓武氏祠諸畫像，於蔓草中見此石，拓得一紙，携以示余。審視亦《祥瑞圖》殘石，却在秋盦司馬所得諸石之外，驚喜得未曾有。蓋近日土人掘地出之，而不知其可寶也，故仍拋置荒野。物色無人，雖貞珉與頑石同，爲之三嘆。同治辛未秋七月書於吴門僑廬。

安陽漢殘碑四種

此碑與《劉君殘碑》及《正直》、《元孫》二石皆孫淵如觀察舊藏初拓本。同治癸亥得于都門。（《子游碑》。）

嘉慶三年戊午四月念七日河南安陽令惠州趙希璜修豐樂鎮西門豹祠，與偃師武億訪得之，移置縣學。（《正直碑》。）

是碑舊棄西門君祠壖田中，亦趙大令訪得之。（《元孫碑》。）

此碑鑿斷穿孔，龕置西門君祠之左右作門闕。趙希璜令安陽時訪得之。（《劉君碑》。）

魏封宗聖侯孔羨碑

寒山趙氏所藏《圉令趙君碑》後歸彭尺木先生，辛酉冬友人携售，值寇亂仍還之，迨再訪時不可蹤迹矣。此册亦彭尺木先生舊藏本，題簽猶其手迹也。

魏孔羨修孔子廟碑

戊辰在都門得此精拓舊本。今歲夏六月碑估從山左來，以新拓本携售，校勘一過，字畫如舊而淳古之意微矣。同治辛未九月書於吴門。

魏黄初殘碑

此《萃編》所題爲十三字殘碑也，與黄初殘石實一碑，《萃編》分著之。今黄初一石不復見矣。舊拓「義」字下尚有一「休」字，此本則僅存十二字。

魏廬江太守范式碑

右篆額二行十字，乾隆四十三年丙申六月膠州崔儒眎得於濟寧龍門坊水口石下，今在濟寧州學宫戟門内。

蔡公諸體惟有《范巨卿碑》風華艷麗，古今冠絶。此唐初李嗣真之言也。勁利之中出以醇厚，而頓挫節制、神彩焕發，實高出漢末皇象、梁鵠諸家之上。此近時翁閣學之言也。潛心默證，中郎法乳胥在是矣。己巳夏五月於吴門雙林里。

洪氏《隸釋》十九卷載，是碑魏明帝青龍三年正月丙戌縣長薛君、鄉人翟循等所立。范君諱式，字巨卿，山陽金鄉人，仕漢至廬江太守。碑在濟州任城。同治己巳六月。

此非中郎書也，翁閣學跋黄氏小蓬萊閣宋拓本論之最詳，《两漢金石記》亦載之。庚午二月吴淞道中。

魏東武侯王基碑

汪容甫先生云：是碑乾隆初紀出於洛陽土中。碑字裁（「裁」字疑「先」字）刻下方，其上方尚未鑿，出土之日，朱書粲然。郃陽秦習謙所親見，而工人止知椎拓，無有録其全文者，遂致湮没，深可惜也。

吴九真太守谷朗碑

碑在湖南耒陽縣杜少陵祠。道光辛卯縣令某以碑文漫滅，磨去其面重加刻鑿，原刻真本遂希如星鳳矣。是本乃未經重鑿者，同治癸亥得於都門，爲當湖朱椒堂漕帥故物。

考孫吴歸命侯鳳凰元年爲晋武帝泰始八年。是碑之立在孫氏夫人碑之後泰始六年，而古樸之氣則遜於孫氏碑。

吳天璽紀功碑

是本爲吾鄉趙謙士侍郎故物，後歸嘉興張氏清儀閣，乃國初舊拓致佳本也。碑經三截之後日就剥蝕，又被拓工遺失（「失」字恐係「漏」之誤），褾工剪棄，考證益難。是本筆畫殘損處幸少缺漏，復經叔未先生逐一精校，細書旁注，故尤可寶貴。

紀功碑上段殘字

曩得楊大瓢藏本，其自跋云∶康熙十五年游金陵，手搨是碑上段，裝訂成册。石本殘缺，得此百餘字，亦足觀覽矣。是本於辛酉冬遭難失去，今復得此前明舊本以補缺憾，不必古人題字求勝也。

晉任城太守羊□夫人孫氏碑

石在山東濟寧，乾隆甲寅江秬香鳳彝得於新泰縣新甫山中。

碑立於武帝泰始六年，與孫吴《谷朗碑》、《紀功碑》同時。其結體猶承黄初諸碑遺意，去漢隸尚不遠也。考是碑文義者，見何編修《東洲草堂詩集》，論是碑書體者，見包安吴《歷下筆譚》。

晉楊紹買冢地瓦莂

瓦白，沙質細霏霏如玉屑。文曰：「大男楊紹從土公買冢地一邱。東極闞澤，西極黄滕，南極山背，北極於湖，直錢四百萬。即日交畢，日月爲證，四時爲任。太康五年九月廿九日對共破莂，民有私約如律令。」凡六十有五言。明萬曆初元會稽倪光簡家於古冢内掘得杯及此，後爲湘管齋所藏，見《徐文長集》。乾隆初爲山陰童二樹所得。張文魚燕昌猶及見之，摹入《金石契》中。

錢少詹《養新録》引周草窗《癸辛雜識》、元遺山《續夷堅》，證向土公買地之遺風甚詳。惟以是券爲石刻，當是傳聞之誤。

右《晉太康楊紹瓦券》，宋羅紋紙精拓，本爲嘉定瞿氏古泉山館舊物，不知何時流入浙中。咸豐辛亥長洲顧湘舟丈航海游落伽山，得此拓于四明故家。庚申蘇城陷，顧氏藝海樓物散失殆盡，姚君紫垣獲此拓于兵火中，携至滬上，因購得之。辛酉余家亦遭難，此拓幸存篋中。壬戌來京師，重付裝治，當以其歷劫不壞寶之。

按瓦出土在萬曆初元。是拓紙墨俱舊，神氣完足，當是前明物。辛酉冬余又得張叔未舊藏是券，爲文魚徵士模刻《金石契》從出之本，字畫多蒙，遜此拓遠甚矣。張本裝入《清儀閣晋唐金石集》册中。

任，《説文》：任，保也。《釋名》：莂，别也。大書中央，破别之也，即今市井合同，古文爲「仌」，《周禮》爲「别」。《説文》云：别，分解也。《廣韻》爲「莂」，分别也，分契也，又分竹也。

《周禮·天官·小宰》八成，聽稱責以傅别。鄭《注》謂：爲大手書於一札，中字别之。一云：傅别，券書也。《類篇》爲「㓤」，兵廢切，音肺，券契也。《急就章》云：簡札檢署梨櫝家。「梨」與「莂」古蓋通用。當日券契多書在竹木之上，故從竹、從木。又有從艹者，是章草分隸之體也。

晋元康石刻

晋元康石刻在山東沂州。大興劉寬夫侍御藏本。同治甲子夏四月得於都門廠肆。

晋建寧太守爨寶子碑

石在滇中，拓本甚不易得。同治癸亥冬在都門遍求始得之。此原石真本。甲子、乙丑在京師有懸巨直購此碑者，及丁卯再入都則廠肆有重刻本矣。形模畢肖，惟剥蝕處皆剜鑿耳。

苻秦廣武將軍碑

鄧太尉祠碑

苻秦石刻存世者祗此二碑，故合裝之。

此碑額五字《關中金石記》作「立□山石祠」。《潛研堂金石目》第二字釋作「畍」，甚確。

此碑額字甚不易得。去歲春三月友人告予有李崧殘石拓本并碑側一紙，及取觀則即此額字與是碑之側也。皆予本所未有，因力請得之。手自裝治，遂成完璧矣，書以志喜。

此一紙共四列。第一列二行，以下皆三行，疑即碑側也。王氏《金石萃編》及《關中金石記》皆未載。

碑側與碑額皆海鹽畢既明先生藏本，尚是前明舊本也。

右《苻秦廣武將軍碑》，洛陽董金甌故物，後歸武虛谷大令，與《蒼頡廟碑》合裝。董氏舊有簽題，附裝《蒼頡廟碑》册內。友人在中州得於武氏後人，携至京邸，余以元人馬文璧書卷易得之。其《鄧太尉祠碑》乃黃秋盦所藏舊本，尚字字可讀，近拓則模糊不可辨矣。

董金甌號相函子，名菽憲。皆（「皆」字疑衍）好金石，搜羅甚富，筑友漢堂儲之。至嘉慶九年，黄秋盦至中州，偕武虚谷訪董氏，則僅有草堂，其孫析居，莫可問矣，購所藏碑拓卅餘種云云。辛未冬月讀秋盦《嵩麓訪碑記》，附書之。

宋龍驤將軍爨龍顔碑

石在雲南陸涼州，遭亂之後存否不可復問。此爲姚伯昂總憲所藏，道光壬辰邱均恩一跋尚未鐫上，乃舊拓本也。

梁天監井欄題字

梁井闌題字在句容縣城營署後，孫淵如先生始訪得之，流傳拓本世不多見。粤逆之後句容屢經兵火，石之存亡不可復問。同治癸亥秋杭州魏稼孫自滬上來，以此拓本贈撝叔同年。甲子暮春余從撝叔易得之。前人謂此刻字體與《瘞鶴銘》相埒，然《瘞鶴銘》烜赫已久，千百年來椎拓不知凡幾，此石之顯纔數十年，輒又遭亂，幸存片紙當如何寶之。

梁瘞鶴銘殘字

右《焦山瘞鶴銘》。康熙壬辰歲經滄州陳恪勤公登之山麓，至嘉慶庚申被山僧開洗，近日拓本已失真傳。此爲鐵楳盦宫保舊藏，曾遭劫，存此三十七字，蓋未經剜鑿本也。同治癸亥秋與《石門頌》同得于長安市肆。

瘞鶴銘

「夆」之下一字僅存下半。「山」字諸本皆然，惟此搨「山」之上半顯有筆畫。覃溪學士以爲「山」字者，誤也，然非見此精拓佳本，斷不能辨。可寶可寶。同治甲子六月記于都門。

陳新羅真興王定界碑

考《東國通鑒》，真興王爲法興王之子，名彡麦宗，立於梁大同六年庚申七月，薨於陳大建八年丙申八月，享國三十七年。碑云戊子八月，乃陳光大二年也。南朝石刻傳世者本少，陳碑并無一存者，幸此海外遺文尚留片石，足補中華史書之闕，安得不鄭重寶之。同治己巳夏五月雨窗書。

劉燕庭方伯云：新羅無僭稱元號之事，惟法興王於二十三年始自稱建元元年，真興王十二年改元開國，三十三年改元鴻濟而已。六月初二日。

北魏王子晋碑

右《北魏王子晋碑》，惟見諸趙明誠《金石録》、鄭樵《金石略》，近今著録家皆不載。是爲宋拓舊本，向藏吾吴顧氏賜硯堂，余於前年夏四月乞假南旋，購得之。適仁和魏稼孫錫曾自閩來吴，窮日夜之力釋出全文，粗可句讀。時稼孫急欲旋杭，中多疑似處，不及細審，稿存余篋中。去年冬十月重來都門，旅居多暇，因附録册後以備參考焉。同治戊辰夏五月。

考酈道元《水經注》，偃師縣南緱氏山爲王子晋控鵠之所，俗謂撫父堆，堆上有子晋祠。據此則碑石當在斯山，而武億《偃師金石志》不載，黄叔璥《中州金石考》僅列其目，知石佚已久矣。

碑云赴父臺，當即撫父堆，足正當時俗説之誤。

北魏石門銘

此北朝人書最疏宕有奇氣者，溯原篆、分，足與《瘞鶴銘》印證。

北魏安定王燮造象

《魏書·安定王休傳》：蠕蠕犯塞，出爲使持節、征北大將軍、撫冥〔七〕鎮大將。休身先將士，擊虜退之。入爲内都官，遷太傅，及開建五等，食邑二千户。薨，謚曰靖王。即此所謂太傅靜王也。「靖」、「靜」同字。《傳》又云次子燮除下大夫，世宗初襲拜大中大夫，除征虜將軍、華州刺使。即造像人。庚午七月。

（「魏」字從委，嵬聲。與文合。「岦」字《中州金石記》釋作「宇」。）

北魏雒州刺史刁遵墓志

碑石尚在北平，惜近被俗工微事磨洗，字畫較舊時明顯而真意漓矣。歐、顔諸碑在北宋時已多剥蝕，然全是真氣貫注。自被後人磨洗，歐書日瘦削，顔書日肥重，非復廬山真面矣。而近人即據時拓朝臨夕橅，自詡得两家神骨，或又以其字不近古，并詆两家者，皆非也。同治癸亥得此精拓本於都門，辛未正月在吴門裝成題記。

北魏魯郡太守張猛龍碑

此精拓舊本，較近拓多數十字。同治丙寅八月得於吴門。

得此精本諦審，乃知歐陽信本發源處。庚午七月六日展閲附記。

阮文達以碑末「造頌四年」一行爲開行草之始，是不爲宋人彙帖所惑者。「世人但學《蘭亭》面，欲换凡骨無金丹」，此爲强襲《禊帖》者説法也。自鄧懷寧、包安吴尊尚北朝人石刻，至數年來幾於人人皆是。是碑乃其鼻祖，竊取形似，迷眩俗目，厠技祓列，心實耻之。

東魏李仲璇修孔子廟碑

六朝舊碑甚不易得，此仁和魏稼孫所貽。雖首尾不全，然較所見舊本多十餘字，審爲前明佳拓。重裝珍弆，亦抱殘守闕之意也。

同治庚午春二月二十八日自吴門旋里，至崑山道中幾遭沉舟之厄。此册亦在水中，急撈取得之，幸未損壞，然亦危甚矣。行路難，何必在蜀道哉？

碑側内□書「任城王長孺書碑」一行，黄小松司馬拓得之，從來著録家所遺。

北齊夫子廟碑

右《北齊乾明修夫子廟碑》，覃溪先生舊藏本，題籤及硃書跋語皆先生手跡。原黏巨册中，日就脱落，故重裝之。

北齊孝義雋修羅碑

存（「存」恐「右」字誤）題名六十五人，刻於碑陰之下層，末署寫碑之人。六朝碑所罕見者。

題字五行刻碑陰下列之餘石。此刻原係整幅，尚未刻此，審爲舊拓，故裁褾成册，藉資臨摹。

北齊馬天祥造象記

碑文八行，每行十六字，讀當世（「讀當世」三字疑作「讀時當如」）《瘞鶴銘》自左而右。此册褾者不知，仍從右始，故左右讀皆不合。近得黃氏小蓬萊閣舊藏整幅，檢此互校，因附記之。

北周强獨樂造象碑額

石在蜀中，淹没已久，劉燕庭方伯陳臬四川著《三巴孴古志》始載之，碑文多剥蝕。此額乃舊拓精本，至寶也。

「歲在丁丑」乃周明帝元年，至三年始改號武成。石在四川簡州，孫氏《訪碑録》未載，同治癸亥趙撝叔輯《補訪碑録》始採之。

六朝造像拓本二集

六朝造像石刻不必盡出能書者，而古拙之趣自存，至唐人曲盡楷法能事，古意浸失矣。同治癸亥集此册成，因附書之。

右《楊曇景造像》四紙。石在陝西楊涇，後歸劉燕庭方伯。

後周《王□真造像》，舊爲仁和趙晋齋所藏。

北齊《孫永安造像》，孫氏《訪碑録》未載，癸亥七月得此拓本於都門。

此亦《孫永安造像》，以椎拓較足，字畫明顯，故并存之。庚午八月。

《王媚暉造象》孫氏《訪碑録》未載，魏稼孫謂「媚」乃「智」字之誤。此據趙撝叔《補訪碑録》書之。

右《王蘭茺造像》，劉燕庭方伯得於陝西涇陽。

《段元暉造像》，亦諸城劉氏所藏。

此象孫氏《訪碑録》未收，撝叔曾目見之，而亦失載，甚矣著録之難也。

此北魏造象，石舊藏江都秦敦夫太史家。翁覃溪閣學謂其字體古雅，已開虞褚先路。

隋龍藏寺碑

碑在直隸正定府城隆興寺，下半雖磨蝕八十餘字，然存者尚甚完美，惟意態漸近時媚。不見此古拓本，幾無以證亭林後人摹刻之誤矣。

沈西雍觀察《常山貞石志》云：王孝僔即《後周書》及《北史》王傑子孝仙，「僔」

故附録之。

蓋「仙」字之別體。此碑模於隋代，而公禮尤稱齊官，當是入隋不仕者。説頗確當，

隋比邱尼修梵石室銘

撝叔謂此銘落筆處一一如懸崖墜石，非真學撥鐙法者不能。余謂惟撝叔於此銘中實力討論過，故能説出秘妙，惜無精拓本印證之。

隋善法寺舍利塔銘

唐沙門道宣《廣弘明集》載仁壽元年六月十三日立舍利塔詔，見《潛研堂金石跋尾》中。是歲分送舍利之州凡三十，此塔當亦奉詔後所建也。

隋滎澤令常醜奴墓志

石在陝西興平縣崇寧寺壁間，顧亭林《金石文字記》之説如此。至張瘦同舍人

墳修《興平縣志》時，則已遍訪不得矣。此爲吾吴毛氏舊藏本，咸豐辛酉冬友人携示，寇警仍歸之。同治丙寅五月從都門回，於滬上購得。墨緣有定，夙願竟償，故附志焉。

隋姚辯墓志

此碑原刻惟見諸都元敬《金薤琳琅》，《萃編》所載乃據翻本綴入，文義舛繆，訛字疊出。《復初齋文集》第載重刻《姚辯墓志》，亦以未見原刻爲憾。是本向爲武林舊家所藏，累世相守，不輕示人。一旦得此，誠米老所謂「光照宇宙，巍峨至前」者。其書法之精，鐫刻之妙，椎拓之工，實爲歐書上乘，直軼《千文》而過之，不徒文字完善，足補史籍之漏而證諸家之誤已也。

隋太僕卿元公夫人姬氏墓志

前年在都中得紛欣閣周氏舊藏《元公墓志》，昨仁和魏稼孫來吴，復以此《姬夫人志》贈我，係陸氏精拓，清儀閣故物。延津劍合，深幸奇緣。

唐孔子廟堂碑

「虞世南」三字完好，末行「風永宣金石」及「推誠奉義翊戴功」諸字未缺，真宋拓也。其「解紱去佩」至「帶德儒」數行被賈割去。大美忌完，雖殘缺無損。

廟堂碑

右宋拓《陝刻虞永興廟堂碑》殘本，共存四百四十餘字。是碑原刻在北宋時已有「千兩黄金那購得」之語，其後又無論矣，即宋拓《城武》、《陝刻》二本亦已不可多見。昔吴興閔峙林中丞、北平翁覃溪閣學曾以二宋拓殘本摹勒曲阜學中。以二公搜羅之廣，儲藏之富，不能得原刻真本，即宋翻宋拓亦不能得全本而僅得殘本，猶將模刻流傳以續山陰遺響，則余得此數百字，其當寶貴抑更何如！

廟堂碑

靜穆之氣、腴古之味，可與歐書《化度》同參。

江右李氏翻刻元康里氏本，形模略具而神氣全失，宋刻宋拓之所以可貴也。

宋拓《陝刻廟堂碑》，己未秋得蒲褐山房舊本四百二十字，去冬又於滬上得四百四十餘字，今春又獲此册，皆宋拓真本。并几互觀，可以上溯鍾、王，下窺褚、薛矣。

雪舫主人云，松巖處所藏宋拓《廟堂碑》係予舊物，不知何時失落，而亦不復記憶。今壬寅初夏予訪主人於松巖處，獲見所失《廟堂碑》本。一旦覩之，如遇古人，真大快事。因將此本校對一過，骨肉精神少遜此本，定後此本數十年，更足寶貴也。蘿裳程芝華記。

蘿裳名芝華，徽之休寧人。工篆刻，著有《古蝸篆居印述》，摹程穆倩、汪稚川、巴晉堂、胡子西四家印，亦邃於金石之學者。

翁覃溪雙鉤廟堂碑唐本存字

是書漢陽葉氏有翻本，此册乃翁勾原板也。乙丑二月辛酉夏五月避寇居鄉，向吴江翁叔均處借閲一過，手模廿餘字，遭難失去，上年二月始于廠肆購得是本。學士手摹千四百字本，其辨别《城武》、《陜刻》異同處甚詳，惜亦遭亂失之。八月十二日。

今春魏稼孫書來，知上海所見之本亦係宋時重刻，惟舊拓耳。唐刻仍藏李氏，出售之説及學使作古皆不確，撝叔乃誤聽人言耳。十月初九日夜寒甚，圍爐枯坐，閲此附記。

唐左屯衛將軍姜行本紀功碑

徐星伯先生《西域水道記》云：碑在巴爾庫勒南山之巔關壯繆祠東三十餘步，土人相戒不得拓，拓之即致風雪、斷行人，故拓本甚不易得。去年在都門得是碑整幅，甚喜。今歲夏六月來吴門，於顧君子常處獲見是册，用墨濃厚，神彩尤足，因以北魏石刻易得之。同治丙寅冬十月。

唐王居士磚塔銘

是銘出土未久石即碎裂，故流傳全文之本甚少。此雖缺失廿餘字，然原係全文而精拓者也。年来居吴門，知彦清太守喜古刻，而於是銘耆之尤甚，見敝篋此本更惓惓不忘。余初不甚解，繼乃知彦翁之嗜是銘，蓋其篤守遺訓，必欲得佳本以承先志也，則余雖珍愛此本，而理必當歸之彦翁。敬謹掇贈并志其略，庶閲者知彦翁之重是銘與余之贈是銘，皆不得以尋常翰墨例之矣。同治辛未正月廿一日。

唐修公孫僑廟碑

此碑石久殘佚，拓本惟仁和趙氏有之，孫淵如觀察載入《寰宇訪碑録》，予夢想者已數載矣。去年在都門從漢陽葉氏得東里潤色硯石拓本及翁覃溪閣學《碑圖考釋》一紙。今歲春三月友人果以趙氏舊本來歸，因互觀校證，屬恒軒太史繪圖以記之。（錡按：恒軒太史即舅祖吴愙齋尚書也。）

唐桐柏真人華陽觀王先生碑

葉九來奕苞《金石録補》云：孫茂叔爲曹侍郎溶壻，故硯山齋所藏有歸曹氏（「曹氏」下應否有一「者」字？），如丁道護書《啟法寺碑》，王元宗書《華陽觀王先生碑》，皆人間少有。去年春于京師見之，今復見于檇李云。

考劉大彬《茅山志》，唐太宗爲桐柏先生敕建華陽觀，天寶七年玄宗爲元靜先生敕改紫陽觀，宋大中祥符元年敕改玉晨觀。顧華玉璘《重修玉晨觀記》云：嘉靖三年遭欝攸之厄，名碑古柏毁斷幾盡，是碑之燬疑亦在其時。世傳拓本止此一册，舊爲孫退谷、曹倦圃所藏，後歸吴門南有堂繆氏、藝海樓顧氏，最後歸槃溪管氏。片紙留傳，兵火不燬，咸豐庚申蘇城陷，故家藏物盡化劫灰，此本獨未遭厄。湖水不溺，管氏避難太湖，遇風船覆，此册亦浮沉巨浪中，後竟撈得。殆震川先生所謂「金寶之氣有卿雲輪囷覆其上」者歟？既考是碑源流，因復志獲藏之幸。

是本係南宋庫褾，被一庸安人嫌其裝池寬闊，拆去改裝，余往購時已失舊觀矣。索閲原裝池紙及面葉磁青紙，蓋政宣以後精拓也，爲之嘆惜者久之。

唐端州石室記

石刻精拓如界畫山水，不憚工力，尚易爲之；水墨淡拓，則直如董巨墨法，全以神運，天和所觸，拓工亦偶得之耳。寬夫侍御所云增益古趣，是得神解者。（同治戊辰仲冬月呵凍記。）

蘇齋評此《記》爲「北海書第一，唐楷中之隸法」，持論最確。（戊辰十二月廿五日立春後二日。）

唐承天軍城記

孫氏《訪碑録》載是刻在直隸井陘，而陸劭文徵君耀遹在山西平度州時曾親往拓之，并云與《鐵元始贊》并刻一石，足正《訪碑録》誤。是本係舊時精拓，尤爲難得。同治己巳夏五月石史仁兄從滬上寄示，因附志之。

唐麻姑山仙壇記

都元敬《金薤琳瑯》載《大字麻姑壇記》雷擊石毁，近來拓本惟錢塘戴文節、道州何太史两家有之。同治癸亥客都下，得此宋拓本，乃前明舊裝，破壞已甚，恐致損失（「損失」之「損」字是「失散」字之誤），因重付裝池，并志數語。

是册舊爲京江相國（「京江相國」「江」字是否缺一姓？）所藏，後輾轉歸吴介臣侍御，相國之孫文貞公錫庚屢求之不可得。文貞先殉浙難，而侍御去官，于其將歸，出以畀予。墨緣有定，不可强也。

麻姑仙壇記南城本

此爲吴門陸氏松下清齋本，謹庭先生二印惜祇存其半矣。

魯公是書自宋迄今翻刻者不下數十種，惟此爲南城原石真本。得覩夜光，魚目立辨。然世之重魚目者亦且自等於夜光，諸事類然，又烏從究詰乎？

傅青主先生自謂少習趙榮禄書，致（「致」字是否「至」字之誤）卅年洗除俗氣不盡，欲醫俗書，惟《仙壇記》耳。己巳十月讀《東洲草堂詩注》，附録於此。

唐景昭法師碑

此爲龔定盦祠部舊藏本，祠部有《羽琌山館金石墨本記》。五月丙寅八日記。

宋蕪湖縣學記

同治丙寅夏五月自都門旋里購得。

我鄉葉氏藏弆最富，惜散佚過半，遭亂後更不可問。此尚是劫餘之物，當倍重之。

其補刻之字留以讀全文則可，若於海嶽書法則神骨全去矣。凡古刻一經重摹，無不如此者，不必於是碑苛責也。

石類　帖

宋拓定武蘭亭序

是帖爲仁和龔定盦先生舊藏本，右題字一行，又尾葉跋語皆其手迹。先生再有《洛神賦》九行本，與此帖并奉爲瑰寶，惜不知流轉何所矣。

《研經室集·跋王右軍蘭亭詩（「詩」字衍）序帖》云：原本已入昭陵，當時見者已罕。其原本本無鉤刻存世者，今定武、神龍諸本皆歐陽率更、褚河南臨拓本耳。夫臨拓之與原本必不能盡同也，觀於歐、褚之不能盡同，即知歐、褚之不能全同於右軍耳。又云：《蘭亭帖》之所以佳者，歐本則與《化度寺碑》筆法相近，褚本則與褚書《聖教序》筆法相近，皆以大業北法爲骨，江左南法爲皮，剛柔得宜，健妍合度，故爲致佳。若全是右軍之法，則不知更何景象矣。

永和八年秋殷浩北伐無功，再舉進屯泗口。羲之移浩書曰：區區江左，力爭武功，非所當作。莫若温（「温」字恐係「還」字之誤。《晋書·王羲之傳》：殷浩侍中，文字與此不同，想係節録。《王羲之傳》中有「還保長江」句。）保長江，引咎責躬，與民更始，以救倒懸。若猶以前事爲未工，復求之於分外，宇宙雖廣，自容何所？浩不能從，遂有九年秋七月之敗。《蘭亭》作於浩屯泗口之後，敗走譙城之前，其憂國之心含於文字之内，非徒悲陳迹也。

論《禊帖》者，自宋迄今不下數十百家，如治亂絲，如遇歧路，令人心目俱昏。惟阮文達二跋獨得右軍書旨，論歐、褚两家流派亦簡當而賅要，因摘録定盦先生所藏定武本後，足了却諸家聚訟矣。

明拓思古齋黄庭經蘭亭序真本

安世鳳《墨林快事》謂萬曆間出，邢子愿、宋牧仲謂嘉靖間出，張登雲刻跋云：此刻久塵穎上，尠有知者，相傳學宫舊址在城南關外，民間掘井得之。

王文簡《居易録》謂此刻藏縣庫中，明末流寇之亂，此石碎於賊。又王虚舟吏部云：崇禎間縣令張俊者，北之鄙人也，惡上官索取之煩，遂碎其石。張湞江繼齡云：國初一俗吏厭上官索拓，碎之。有卜氏者得《蘭亭》一片，今秘藏其家。不獨全者不可得，即碎者亦難得矣。據諸説則此全本爲前明舊拓無疑。

徐壇長侍講用錫《圭美堂集》卷二十辨潁井本最詳，以《黄庭經》五十七行者爲鎮海本。張叔未先生云：此正潁井真本也。今两面刻殘石尚存，與全本對勘，字畫剥蝕脱落絲毫不爽，自是真本確據。此爲汪近谷宫允舊藏，後歸趙素門先生，咸豐已未從杭州友人處得之。

何義門學士云：楊文貞《東里集》有《潁令某餉思古齋帖跋》。

碧玉本洛神賦十三行

此出土初拓，「晋」字猶未泐者，辛酉秋於滬上得之。

余得錢籜石侍郎萬松山房藏本，「晋」字已中泐矣。甲子四月初九閲所藏古搨，附記于此。

王右軍臨宣示表

王右軍臨内舍帖

尊勝陁羅尼咒

歐陽率更書心經

顔魯公書麻姑仙壇記

百餘年來講金石之學者，蘇齋而後叔未先生繼之，清儀閣所藏商、周以來金石佳品實爲東南甲冠。庚申寇亂，閣中所藏盡被焚燬，此册乃歷劫逃出者，簽題猶是叔翁手迹，僅闕《樂毅論》一種。兵燹之餘，古今名蹟十去七八，則幸得古石墨，安得不與拱璧同珍乎？

舊拓文殊般若經

安吴包氏評是碑云：「反覆玩味，絶無神奇，但見點畫樸實，八面深穩，更無欠缺處耳。包氏定爲右軍以前書，則不敢信。菽粟味最淡，食之終身不厭，然知味者鮮矣。鄭齋日復三過，閲旬日始記之。

宋拓淳化閣帖祖本

今夏五月見吴門陸氏松下清齋舊藏宋拓《閣帖》第三卷，宋紙原裝，後武進孫文介公題識，以索值過昂還之。細審與此二卷紙色、墨色毫髮無異，當是同出一石，且同時所拓，益信此册爲宋拓無疑。

憶己未冬仁和高叔荃廣文見此二册以爲明拓肅府本。及今歲八月得畢澗飛舊藏宋拓泉州本，有張鳳翼、王穉登跋，泉本原闕，以肅府本取此校對，迥不相合，洵鑒古之未可以臆斷也。

淳化閣帖肅府本

是帖原刻初拓本用太史紙、程君房墨，觀是本册首數板可信。後半因微有霉跡，褾工以水洗之，故墨光稍損，然古腴渾厚與後來翻刻迥別，是當什襲珍之。

大觀帖原刻殘帙

予嗜古刻而不喜收彙帖，然大觀淳化祖刻真本亦足見當日搜羅摹拓苦心。《淳化》祖本辛酉夏從陸氏松下清齋得第六卷，宋拓宋裝，致足珍重。今秋七月鮑少筠鹾尹來都，復以此帖見畀。末葉鐫工猶存，雖一鱗片羽，彌足珍也。

宋嘉祐二體石經《周禮·天官》殘石

石在河南開封府。《中州金石記》云：今僅存《周禮》卷一及卷五，中數石余修學時用作瓴甋矣。

李遇孫《金石學録》云：徐紹曾周松靄弟子藏北宋二體石經，詫爲罕覯。可見當日拓本之少矣。

翁覃溪閣學《復初齋詩集·開封府學新出宋嘉祐石經檀弓一石》注云：去年見唐刻永興《廟堂碑》原本，惟嘉祐石經《周官》楷書極肖。今得舊拓諦審，益信翁説不謬。

宋拓劉球隸韻

覃溪學士云：劉氏此帖以《玉海》考之，成於淳熙二年，實從漢碑原石摹出，實有資於考漢隸者之津筏矣。并云：寄語揚州秦敦夫爲廣印數十百部，時阿厚菴鹺使合阮、秦兩家所藏翻刻木本。售之坊肆，遍資學人考核，補洪以訂婁。是言隸學者之一大快幸耳。蓋此帖原刻流傳甚少，近日言隸學最博者無若甬上萬九沙、吴中顧南原，皆未曾見此刻此亦蘇齋語，據此則是帖之存不啻希如星鳳矣。江都秦敦夫太史曾得餘清齋藏本下半部，合，始成完璧，阿髲使曾據以翻刻木本。茲數册阮文達得自四明范氏天一閣，繼爲滬上徐氏所藏，癸丑滬城寇警失去其一，而此六册尚完善無恙，蓋是流傳（「是」字疑缺一「帖」字，「傳」字疑缺「甚少」二字）自秦、阮两家外，不聞藏此者。秦本歸楓涇程氏，程官金陵，癸丑之變已罹劫火。此數册幸巍然獨存，俾後人於隸學之真傳猶得想見其一二者，關繫非淺鮮耳，安得不以吉光片羽珍之。

附録

石鼓亭磚文古拓本

嘗謂交游中遇老輩年六十、七十以上者，其言貌舉動不必異人，然氣誼樸厚、神情淵穆，令人生敬羡之心焉。金石流傳，其藏家收弆大率不外此數百件歷劫不壞之寶，然椎拓在先者即此一器，其氣息則又迥别，不獨字畫之完善、殘蝕異也。此張氏《石鼓亭磚文》十一種，其存否固不可知，而據他處所見墨本，神味判然，蓋百年舊物也，至寶至寶。

吴内嫂江孺人畫西園雅集圖卷

延陵江孺人，余内兄吴培卿茂才之嫡室也。幼承母訓，即工繪事，于歸後侍奉之暇，搜求名蹟，日事臨模，故所詣益進，山水其尤勝也。惟習勤而體弱甚，年二十餘即患病殁，所留遺蹟，培卿甚珍護之。庚申蘇垣陷，盡付劫火，此卷以置行笈中得存。人物雖非所素擅，然摹古得真，已脱盡塵俗氣矣。我朝女史善畫者首推南樓老人，南樓壽七十餘，其畫與年俱進，故成精詣。孺人年不及南樓而畫已與之埒，設天假之年，其所造當更不可量，惜遽促之耳。然而靳其年已，不能没其名，則見此卷者未嘗不可爲培卿慰藉也。同治十年歲在辛未春正月書於吴淞道中。

跋

同治甲子洪楊難後，吾外祖沈公韻初挈眷寄居吾家舊屋双林里——明高士金孝章先生故居之春草閑房也。吾祖與吾外祖母爲胞兄妹，公與吾祖諸舅弟既屬至戚又同好古，終日孜孜以訂石研金爲務。公家素不豐，往往遇名拓不忍釋，外祖母爲典釵質釧以易之，恒事也。然物常聚于所好，寳物愈多，境固愈困矣。如是者十數年，迄癸酉二月，公鬱鬱逝世，物亦漸散。吾肖韻母舅以公一生心血所寄在斯，乃就家中僅存者及搜訪于各家者録成《題跋記》若干篇，乞叙于愙齋公，將謀之梓，不意母舅越數年而病，復越數年而歿，稿卒未刋，今又三十年矣。今湘之表兄來蘇謁吾母，袖示此編，謂余曰：吾家古碑名帖今無一存，所存者祇此耳，又爲先人欲謀梓而未竟者，知吾家者舍汝奚若，今必吾成以竟先志。屬爲校勘，余何能辭，爰與潘博山姻兄竭力搜訪，從事增益。又以公平生所作文別無存稿，乃將所題磚文一則及跋先祖母江太夫人畫卷一則附録於後，敬爲之跋。時中華民國二十一年夏六月，外孫吴湖帆識於梅景書屋。

先大父韻初公好金石書畫，鑒别精嚴，尤嗜碑版，收藏之富，前清咸、同間爲江南第一。每有所得，必親自校勘，且極矜重，雖烜赫一時、人視爲孤本珍本者，苟稍有所疑，即不肯輕易題跋。先大父棄養後，先君肖韻公曾就家藏編成《金石跋尾》，擬付剞劂，事未果行而先君又見背，稿藏於家。近見原稿尚有缺漏，爰請潘博山先生、吴湖帆表弟從事搜集，重行增輯，錡親自抄録以資紀念。憶先君見背時錡僅十歲，年幼無知，不能將先人生平精血所存之寶藏善爲珍守，致散失淨盡，思念及此，彌深愧痛。民國二十一年七月孫錡謹志。

此書之成，承潘博山先生、吴湖帆表弟增輯，陸雲伯丈供給資料，校刊時又蒙表兄黄任之夫子爲之審閲，銘感五中，謹此志謝。錡又識。

校勘記

〔一〕「止得四十七字」，「七」，《漢石經室金石跋尾》（以下簡稱《跋尾》）作「八」。

〔二〕「計字二百二十有三字」，「三」，《跋尾》作「二」。

〔三〕「雍正乙卯出土」，「卯」，《跋尾》作「未」。

〔四〕「隸書三行」，「三」，《跋尾》作「四」。

〔五〕「七行下」，《跋尾》無「下」字。

〔六〕「黄司馬之釋」，《跋尾》「之釋」作「釋之」。

〔七〕「冥」，原作「宴」，據《魏書》（中華書局一九七四年排印本）改。

書畫心賞日録

米海嶽大行書卷紙本

筆下具有龍跳虎卧之勢，真本無疑。

北平楊氏物。

趙松雪自書吴興賦卷絹本

腴古穩秀，自具一種清淑之氣撲人麋宇，令人把玩不盡。

馬和之毛詩圖册絹本

亦刻畫亦渾厚，描寫人物獨得古穆之氣，此非宋以後人所能。

宋徽宗搗練圖卷絹本

金章宗題，高江村跋。

神品妙品，畫至此蔑以加矣。

祝希哲楷書岳陽樓記册紙本

筆筆得晋人意，當爲明代書家之冠。

彭年跋。

沈石田山水大册紙本

白石翁畫世多以粗硬當之，得此可覩廬山真面。

高江村跋。

董文敏仿古山水册絹本

精妙絕倫。或有以贋本疑之者，詎知古人蹊徑可襲，氣韻不可襲，解此則真僞一望而知矣。

王煙客跋。

董文敏煙江疊嶂圖卷

畫前書蘇詩一首，跋語載《畫禪室隨筆》。

人能寫「江」字、「嶂」字而於「煙」字、「疊」字則置之，非不知寫也，實不能寫也。公則筆筆皆是神妙，欲到秋毫巔，惟公得之。

觀公自注云舊作此卷不曾着款，至甲寅臘月始題，已隔十年，而於跋語中「自以爲」「自」字改「目」字，知公當日書此後，即將跋語録入《隨筆》中，故刻本至今仍之。實則二句連用「自」字自覺稍礙，公於題款時改以「目」字，可見古人精細處。若係僞本則徑寫「自」字，臨本則逕寫「目」字，斷無改寫形跡，此亦信爲真本之一證也，故詳志之。

王煙客青緑山水卷

雄厚之氣，蒼秀之筆，宜其獨冠各家。

惲南田寫生册四幀

天仙化人之筆，自不能贊一辭。

錢叔寶仿石田翁山水卷

筆筆神似石田，其氣韻蹊徑尤令人展玩不置。

戴醇士跋。

王石谷仿郭河陽山水卷

密而實疏，厚而仍秀，非天分人工兩臻其極者不能有此神技。所見石谷真跡靡不出色，此尤爲登峰造極之作。

查梅壑書畫合璧卷

逸品。

方蘭士山水册

秀骨天成，一洗重濁之氣。

王虚舟書喬氏墓志銘墨跡卷

率更書派直接鍾、王，舊拓碑帖中猶可見其一二，自碑版屢翻，世率以硬直當之，不特失歐之神，并失歐之貌。虚舟先生獨得真傳，擯除惡習，其筆筆似率更，正其筆筆似鍾、王，學者解此可以尋流而溯源矣。

董文敏楷書妙法蓮華經

文敏書爲有明書家之冠，刻入碑帖者不下百種，其尤爲出色者，無如所書《妙法蓮華經》，初拓本已極難得。丁巳之秋有友自松江來，晤次談及丙辰暮冬有携此卷到松欲售者，因議價不合，旋即携去。并具述筆法之妙，書寫之精，相與嘆羡不置。第事隔期年，不免爲收藏家購去矣，思欲得真蹟當不辭勞瘁，蕭翼之於《蘭亭》本，煙客之於《秋山》卷，皆倍費周折，既聞其名，姑往探之可耳。遂於小春中旬放棹到松，偕友至胥浦，登堂與主人略敘寒暄，猶未識此物之尚在否也。少頃友與主人附耳數語，主人遂入，方與友評論所懸各種掛幅，轉瞬主人已持此卷疺座上矣。展閲一過，不禁爲之狂喜，蓋余於所刻拓本心賞已久，一旦覩此墨跡，奚殊飢者之遇膏粱，渴者之遇醇醪乎！因以番銀四十餅易得之，携之以歸。出與同嗜者共賞之，猶稱快不置也。

董文敏楷書妙法蓮華經

得前卷之先數日，有湖州鄭姓書賈來，既與渠購書籍數種，因追述半載前有友託渠售一董書手卷，屢經識者鑒賞而一時無善價，故仍還去。問其所書云何，則惟曰精楷而已，名則不知也。余甚惑之，既云實係真跡，不可不一觀之，因屬其往取焉。路隔數百里，往返頗費時日，故鄭賈來而余自松返棹，前卷已先得矣。既得前卷之後方私計是卷之亦即《蓮華經》乎？然始測之而繼竊自哂焉，得其一復思其二，天下安得有如是之不知厭足而適如其意者，詎知鄭賈來而竟是卷焉。璧合珠聯，愈增欣快，一月中而得此二卷，乃知奇跡之來去自有因緣。二卷俱經出售而俱未售去，一若前次之議價，故靳之以待余之得者，斯亦一收藏中奇遇也，因不憚煩瑣而志之。

周文矩宮姬調琴圖卷

絹本。神品。

神氣靜穆，非宋以後人所能夢見。

丁雲鵬橅董米雲山真蹟

蒼秀渾古，元氣淋漓，視思翁有過之，無不及焉。